# Lektürehilfen Friedrich Schiller „Wallenstein“

von Udo Müller

Ernst Klett Verlag

In der Klett-Reihe Editionen für den Literaturunterricht ist erschienen:
Friedrich Schiller: Wallenstein. Text und Materialien.
Materialien ausgewählt und eingeleitet von H.-U. Lindken.
Stuttgart 1986
Klettbuch 35198

CIP-Kurztitelaufnahme der Deutschen Bibliothek

**Müller, Udo:**
Lektürehilfen Friedrich Schiller, „Wallenstein" /
von Udo Müller.
1. Aufl. – Stuttgart: Klett, 1987.
ISBN 3-12-922302-9

ISBN 3-12-922302-9

1. Auflage 1987

Gesamtherstellung: Wilhelm Röck, Weinsberg
Einbandgestaltung: Hitz und Mahn, Stuttgart

# Inhalt

# Einleitung

Größe und Fragwürdigkeit der deutschen Klassik sind eng verbunden mit ihren innersten Zielrichtungen. Der Wille zu klarer Form, zu symbolisch reduzierter Modellhaftigkeit, zur Vollendung in Maß und Beherrschung, zum Typischen und Allgemeingültigen schließt – als künstlerisches Prinzip genommen – ganze Welt- und Lebensbereiche aus, setzt der Weltfülle Schranken, führt zur stilistischen Verengung auf strenge Rituale, zum Verzicht auf realistische Lebensnähe.
Das Ideengebäude der Klassik, entstanden in der politischen Beschränkung eines provinziellen und zerstückelten Deutschland und zugleich merkwürdig abgehoben von diesem Umfeld, erscheint einem so je nach Standpunkt als denkwürdige Eroberung zeitlos gültiger Werte in düsterer Zeit oder als ein bloßes Ausweichen vor der Realität in eine irreal-ideale Welt des Geistes. Engels hat gar kurzerhand von der „Vertauschung der platten mit der überschwenglichen Misère" (1846) gesprochen. Und Gerhart Hauptmann konfrontiert in „Die Ratten" die naturalistisch, das heißt aus gesellschaftlicher Determination heraus entwickelten Leidensschicksale seiner Figuren ironisch mit der pompösen Rhetorik des verstiegensten und extremsten Entwurfs der Klassik, der „Braut von Messina" Schillers.
Damit trifft er allerdings mehr den zur Pose verkommenen Klassizismus der Nachfolger, weniger die originäre Kunstgesinnung der Klassiker. Für Goethe und Schiller stellte die konsequent klassische Selbstbeschränkung und Stilisierung eher eine experimentelle Grenzposition als eine repräsentative Äußerungsform dar.
Dies zeigt sich darin, daß gerade ihre großen dramatischen Hauptwerke – „Faust" und „Wallenstein" – die klassische Stilwelt entschieden *überschreiten*. Sie sind nicht nur deren Vollendung, sondern zugleich deren Überwindung in einer umfassenderen Synthese. Äußerste symbolische Verdichtung, klassischem Kunstwillen entspringend, herrscht wohl in diesen Werken – aber sie verbindet sich mit einer Breite und Vielfalt des gezeigten Weltausschnitts, auch Spielfreude, so daß die Anschauung nicht bloß als Sprungbrett der Ideenkonstruktion herzuhalten hat. Daher die gewaltigen Dimensionen beider Werke; daher aber auch ihre Vieldeutigkeit und, in mancher Hinsicht, Rätselhaftigkeit bis heute.
‚Lektürehilfen' für Schillers „Wallenstein" zu geben bedeutet unter diesen Umständen, zunächst ganz konkret den Überblick über die sehr komplexen und verwickelten Inhalte und Handlungselemente zu

erleichtern, die Hauptfiguren der Handlung kurz zu charakterisieren und Hilfen zum Verständnis der komplizierten dramatischen Form zu geben, ferner Kategorien für die wiederum sehr differenzierte sprachliche Gestaltung zu vermitteln und in Entstehungs- und Wirkungsgeschichte einzuführen. Es kann nicht bedeuten, den Leser auf bestimmte Auffassungen festzulegen. Die fortdauernde Faszination des „Wallensteins“ gründet sich gerade darauf, daß dieses Werk immer neue Deutungen aus sich entläßt – wovon die bis heute kontroverse literaturwissenschaftliche Diskussion, aber auch die überraschende Gegensätzlichkeit der Realisationen auf der Bühne ein eindrucksvolles Bild vermitteln.

# Der inhaltliche Aufbau der Trilogie

## Prolog

Gegenstände der 138 Verse des Prologs, den Schiller für die Uraufführung von „Wallensteins Lager" am 12. Oktober 1798 im Rahmen der Wiedereröffnung des gerade umgebauten Weimarer Hoftheaters geschrieben hat, sind nacheinander
- der festliche Anlaß (1–31),
- die besonderen Bedingungen der Schauspielkunst (32–49),
- der hohe dichterische Anspruch des aufzuführenden Werks (50–69),
- die dargestellte Epoche des Dreißigjährigen Kriegs (70–90),
- die summarische Charakterisierung Wallensteins (91–118),
- die Darlegung der eigenen künstlerischen Vorgehensweise (119–138).

**Festlicher Anlaß**

Mit der gleichzeitigen Nennung der „scherzenden, der ernsten Maske" gibt Schiller einen ersten Hinweis auf die Verwobenheit komischer und tragischer Momente und damit auf den umfassenden Gattungscharakter des Werks. Der „alte Schauplatz" dient als „neue Bühne" der Pflege und Weiterführung der Schauspielkunst im „auserlesnen Kreis" des höfischen Publikums.

**Bedingungen der Schauspielkunst**

Auf einen solchen Kreis von Kennern ist die Schauspielkunst besonders angewiesen: „Dem Mimen flicht die Nachwelt keine Kränze" (41). Gegenüber den bleibenden Werken des Bildhauers, Musikers, Dichters bleibt die Kunst des Schauspielers auf den Augenblick angewiesen, und nur durch dessen intensive Erfüllung kann er „im Gefühl der Würdigsten und Besten / Ein lebend Denkmal sich erbaun" (45f.) und darin eine Art von Zeitenthobenheit erreichen.

**Dichterischer Anspruch**

Entsprechend dem bedeutungsvollen geschichtlichen Augenblick (1798: Revolutionskriege gegen Frankreich beendet; Beginn des ägyptischen Feldzugs durch Napoléon Bonaparte), soll nun auch die Dichtkunst aus „des Bürgerlebens engem Kreis" (53) treten und „der Menschheit große Gegenstände" (65) zeigen; Schiller grenzt sich damit von den damals populären bürgerlichen Rührstücken (August von Kotzebue u. a.) ab.

**Bild des Dreißigjährigen Kriegs**

Wieder mit ausdrücklichem Bezug zur Gegenwart entwirft Schiller in knappen, eindrucksvollen Sätzen ein Bild von den Verwüstungen und chaotischen Zuständen in der dargestellten Epoche des Dreißigjährigen Kriegs („Wallensteins Lager" spielt im Jahr 1634, also im 16. Jahr des Kriegs).

**Summarische Charakterisierung Wallensteins**

Vor diesem „finstern Zeitgrund" tritt nun die Gestalt Wallensteins hervor, der in „Wallensteins Lager" zwar noch nicht auftreten wird, jedoch als „Schattenbild" (114) in den „kühnen Scharen, / Die sein Befehl gewaltig lenkt" (112f.) zu ahnen sein wird. Wallensteins summarisches Porträt ist durch antithetische Aussagen („Des Lagers Abgott und der Länder Geißel" usw.; 95ff.) gekennzeichnet und zur geheimnisvollen, schwer faßbaren Gestalt überhöht. In dieser Vorrede (Pro-log!) gibt Schiller ein zusammenfassendes Urteil aus historischer Distanz, das die belastenden Momente („Sein Lager nur erkläret sein Verbrechen"; 118), aber auch die entlastende Funktion der Kunst (104–110) betont. In der Trilogie selbst werden dann alle Aussagen über Wallenstein durch die parteiische Perspektive der jeweils sprechenden Figur gebrochen sein!

**Kunst und Wirklichkeit**

Der letzte Teil des Prologs gilt dann – neben der Ankündigung des eigenen ungewöhnlichen dramatischen Verfahrens – ganz dieser grundsätzlichen Funktion der Kunst, die das chaotische Bild der Lebenswirklichkeit nicht zu spiegeln, sondern zu erhellen und zu deuten hat, insofern dem Leben übergeordnet und scharf von ihm geschieden ist. „Ernst ist das Leben, heiter ist die Kunst" (138) – damit ist die Entgegensetzung beider Bereiche in einer mächtigen Antithese ausgesprochen. Eine bedeutsame Gegenposition zu den Vorgängen im Drama liegt auch in der Aussage, daß die Muse „die

Täuschung, die sie schafft, / Aufrichtig selbst zerstört und ihren Schein / Der Wahrheit nicht betrüglich unterschiebt“ (135–137). Die Täuschungen, die die Dramenfiguren schaffen, geschehen nämlich in zutiefst betrügerischer Absicht. Hier liegt einer der bezeichnendsten Unterschiede, die „das düstre Bild der Wahrheit“ und „das heitre Reich der Kunst“ (133f.) trennen. Die (voraus)deutende Funktion des Prologs gipfelt in dieser fundamentalen Scheidung von Lebenswirklichkeit und ästhetischem Bereich.

## Wallensteins Lager

### Auftritte:

**Die Welt des Soldatenlagers**

**(Sz. 1)** Die Handlung beginnt an der äußersten Peripherie von Wallensteins Machtbereich: In die bunt gedrängte Welt des Soldatenlagers vor Pilsen, wo Truppen verschiedenster Herkunft beim Spielen und Trinken aufeinandertreffen, schleicht sich ein Bauer ein, der ein Paar „glückliche (d. h. falsche) Würfel“ (12) ausprobieren will, um sich für die Ausplünderung durch die Soldateska schadlos zu halten.

**Vermutungen über die politischen Vorgänge**

**(Sz. 2)** Ein Wachtmeister und ein Trompeter von einem Regiment Graf Terzkys stellen Mutmaßungen über Intrigen für und gegen Wallenstein an: Die doppelte Löhnung, die sie bekämen, sei offenbar dazu gedacht, durch besondere Freigebigkeit die neu gekommenen fremden Truppen anzulocken; der Höfling aus Wien (Questenberg), der seit kurzem im Lager herumgehe, sei wohl ein vom kaiserlichen Hof in Wien auf Wallenstein angesetzter „Spürhund“ (75). Sie selbst, vom Feldherrn herangezogen, fühlen sich mit ihm verschworen: „... sie trauen uns nicht, / Fürchten des Friedländers heimlich Gesicht“ (77 f.).

**(Sz. 3)** Weitere Soldaten kommen hinzu. Ein Scharfschütz handelt einem Kroaten ein Halsband ab, auf dessen „schönen Schein“ (100) es ihm ankommt. **(Sz. 4)** Ein Konstabler weiß Neues: Regensburg sei genommen. Vermutungen über baldigen Abzug werden ausgetauscht. **(Sz. 5)** Zwei Jäger, eine Marketenderin, Soldatenjungen, ein Schulmeister und eine Aufwärterin gesellen sich dazu. Aus den

**Menschenschicksale im Lager**

Lebensgeschichten des ersten Jägers und der Marketenderin, die sich von früher kennen, wird deutlich, welche Existenzen im Soldatenlager zusammengewürfelt sind; der Jäger hat „seines Vaters goldene Füchse“ (128) durchgebracht, die Marketenderin ist mit Wallensteins Truppen durch halb Europa gezogen, wobei ein Schotte ihren Besitz mit davongenommen und ihr dafür zu dem Soldatenjungen verholfen hat. Am Beispiel der Aufwärterin – für den

Jäger „kein übler Bissen“ (170) – wird nochmals die zweischneidige Rolle der Frauen im Lager gezeigt.

**(Sz. 6)** Haben die bisherigen Auftritte durch immer weitere hinzukommende Figuren die turbulente Welt des Lagers in immer größerer Buntheit gezeigt, so bringen die beiden folgenden Auftritte eine Konzentration auf Jäger, Wachtmeister und Trompeter, deren Reden und Vermutungen immer mehr um die geheimnisvolle Gestalt des Feldherrn Wallenstein kreisen. Für den Wachtmeister, der sich in seiner naiven Bewunderung mit dem Feldherren in engem Bund sieht, ist Wallenstein „fest“ (355), also unverwundbar, was der Wachtmeister auf die „Salbe aus Hexenkraut“ (367) zurückführt; vor großen Ereignissen erhalte Wallenstein manchmal Besuche durch ein „graues Männlein“ (373), das durch verschlossene Türen gehe. Selbstzufrieden stellt der Wachtmeister fest: „Der feine Griff und der rechte Ton, / Das lernt sich nur um des Feldherrn Person“ (205f.). Über diese komische Beschränktheit des Wachtmeisters hinaus führen die Auffassungen des Ersten Jägers, der sich von „Gustav dem Schweden“ (257), in dessen Lager es damals zu gottesfürchtig zuging, später von Tilly, den das Glück verließ, abgewandt hat. Er nennt erstmals, wenn auch in äußerlichem Sinn (Bezug auf Plündern), das beherrschende dramatische Motiv der Freiheit (236) und preist eine rauschhafte Soldatenexistenz um den Preis des Risikos (242; 250). Fasziniert ist er von Wallenstein, weil er in ihm den Gründer eines Soldatenreichs jenseits aller bürgerlichen Ordnungen, ja sogar einen Weltbrandstifter sieht: „Ein Reich von Soldaten wollt er gründen, / Die Welt anstecken und entzünden, / Sich alles vermessen und unterwinden.“ (332ff.) Hier klingt eine fast schon mythische Überhöhung der Gestalt Wallensteins an, auch wenn der Zweite Jäger dann alles wieder ins naiv Abergläubische wendet: „Ja, er hat sich dem Teufel übergeben, / Drum führen wir auch das lustige Leben“ (378f.).

**(Sz. 7)** Ein Rekrut unterbricht die Auseinandersetzung um Wallenstein durch ein Lied, in dem die schwungvolle Soldatenexistenz, „Frei, wie der Fink“ (393), gepriesen wird. Als das Gespräch wie-

**Wallenstein in der Sicht der Soldaten**

**Wallensteins ‚Unverwundbarkeit‘**

**Anklingen des Motivs der Freiheit**

**Wallenstein als Soldatenvater und Weltbrandstifter**

**Die ‚freie‘ Soldatenexistenz**

der aufgenommen wird, klingt ein weiterer Grund für Wallensteins Anziehungskraft an: Er, der selbst „fings klein an und ist jetzt so groß“ (457), gibt seinen Soldaten unbekümmert um Stand und Rang die Möglichkeit zum Aufstieg: „Und wers zum Korporal erst hat gebracht, / Der steht auf der Leiter zur höchsten Macht“ (435f.). Als Beispiel raschen Ruhms wird der frühere „Gemeine“ und jetzige Generalmajor Buttler genannt (439ff.). Wallenstein selbst ist nach den Worten des Wachtmeisters „nach dem Kaiser der nächste Mann, / Und wer weiß, was er noch erreicht und ermißt, / *(pfiffig)* Denn noch nicht aller Tage Abend ist“ (454ff.).

**Aufstieg nach Tüchtigkeit, ohne Rücksicht auf Geburtsstand**

**(Sz. 8)** Für eine burleske Steigerung sorgt nun der Auftritt eines Kapuziner-Mönchs, der in barocken Wortspielen gegen die Sittenlosigkeit der Soldaten wettert. Der Kapuziner kann seine deftige Predigt, durchsetzt mit lateinischen Sprüchen und biblischen Gleichnissen, ungestört halten, schließlich gehört auch ein eifernder Pfaffe ins Lager. Erst als er auch vor der Person des Feldherrn nicht haltmacht und Wallenstein der Gottlosigkeit beschuldigt, werden die Soldaten rebellisch – worauf der Kapuziner sie überschreit und Wallenstein mit allerhand biblischen Übeltätern (etwa dem Kindermörder Herodes) gleichsetzt, schließlich aber doch von der Szene gedrängt wird.

**Die Kapuzinerpredigt**

**Wallenstein als Bild des Gottlosen**

**(Sz. 9)** Während die Soldaten noch den Anspielungen des Kapuziners auf Wallenstein nachgehen – der kundige Wachtmeister gibt Auskunft –, entsteht ein Auflauf.

**(Sz. 10)** Der Bauer mit den ‚glücklichen Würfeln‘ ist beim Falschspiel erwischt worden. Einige wollen ihn kurzerhand hängen, der Erste Arkebusier bringt dagegen Verständnis auf: „Denn seht! erst tut man sie ruinieren, / Das heißt sie zum Stehlen selbst verführen“ (654f.).

**(Sz. 11)** Die schwungvoll gesteigerte Schlußszene beginnt damit, daß man den Bauern schließlich laufen läßt. Aufregung entsteht unter den Soldaten, als bekannt wird, der Kaiserhof in Wien wolle die besten Truppen in die Niederlande abkommandieren und so von Wallenstein entfernen; aus der Empörung darüber wird schlagartig deutlich, wie

**Drohende Auflösung des Lagers**

sehr die Truppen auf die Person Wallensteins (und nicht auf den Kaiser) eingeschworen sind, weil sie ihn als Garanten dafür sehen, daß es ihnen gut geht. Die Konfliktträchtigkeit der Rolle Wallensteins (einerseits mit fast allen Attributen der Herrschaft ausgestattet, andererseits dem Kaiser untertan) wird aus dem Gegeneinander der Argumente des Wachtmeisters („Absolute Gewalt hat er, müßt ihr wissen, / Krieg zu führen und Frieden zu schließen, / Geld und Gut kann er konfiszieren, / Kann henken lassen und pardonnieren, / Offiziere kann er und Obersten machen, / Kurz, er hat alle die Ehrensachen. / Das hat er vom Kaiser eigenhändig" – 848 ff.) und des Ersten Arkebusiers („Aber er bleibt doch, schlecht und recht, / Wie wir alle, des Kaisers Knecht" – 856 f.) offenkundig. In immer hymnischerem Ton preisen der Erste Kürassier und die übrigen Umstehenden die ungebundene Soldatenexistenz: „Frei will ich leben und also sterben, / Niemand berauben und niemand beerben, / Und auf das Gehudel unter mir / Leicht wegschauen von meinem Tier" (954 ff.). Über ihren Obersten Max Piccolomini wollen sie eine Denkschrift an Wallenstein schicken, daß sie zusammen unter seinem Befehl bleiben wollen. Wobei bei dieser Entscheidung durchaus auch pekuniäre Gründe mitschwingen (unter Wallenstein ist die Entlohnung fürs Soldatenleben stets sehr gut ausgefallen): „Wir haben's Heft noch in der Hand; / Lassen wir uns auseinandersprengen, / Werden sie uns den Brotkorb höher hängen."

**Wallensteins Feldherrngewalt als Anlaß zu Konflikten**

**Freiheit der Soldatenexistenz**

Mit dem hinreißend schwungvollen Soldatenlied „Wohl auf, Kameraden, aufs Pferd, aufs Pferd!", dessen Strophen von jeweils einem anderen Soldaten gesungen und dessen Refrains von allen im Chor wiederholt werden, schließt der erste Teil der Trilogie – ein Bild der freien, über alle Bindungen hinweggehenden Soldatenexistenz, die allen Gefahren trotzt: „Und setzet ihr nicht das Leben ein, / Nie wird euch das Leben gewonnen sein" (1104 ff.).

**Freiheit um den Preis des Risikos im Soldatenlied**

| Auftritt | Hauptfiguren | Schauplatz | Thematik und Funktion |
|---|---|---|---|
| 1<br>2<br>3<br>4<br>5 | Bauer<br>Wachtmeister<br>Trompeter<br>1. Jäger<br>Marketenderin | Soldatenlager: Marketenderzelte, davor eine Kram- und Trödelbude | Mit dem (gleichfalls von außen kommenden) Bauern sieht sich der Zuschauer in die bunte, durch hinzukommende Figuren immer turbulentere Welt des Soldatenlagers geführt, erfährt aus umlaufenden Gerüchten erste Reflexe der politischen Vorgänge, lernt einige Schicksale kennen. |
| 6<br>7 | 1. Jäger<br>Wachtmeister<br>Trompeter | | In der Konzentration auf wenige Figuren und deren verschiedene Meinungen wird das geschichtliche Umfeld knapp skizziert, werden vor allem widersprüchliche Bilder von der faszinierenden Gestalt des Feldherrn entworfen. |
| 8 | Kapuziner | | Die burleske Predigt schafft lebendiges Zeitkolorit, gibt dabei zugleich ein weiteres, aus religiöser Sicht kritisches Bild Wallensteins. |
| 9<br>10 | Wachtmeister<br>1. Jäger<br>1. Arkebusier | | Die beiden kurzen Auftritte stellen den Übergang zur großen Schlußszene her; in ihnen wird einerseits über die Anspielungen des Kapuziners auf Wallenstein gerätselt, andererseits wird der Bauer aus dem Lager ‚ausgeschieden'. |
| 11 | Kürassiere und vorige Figuren (Massenszene) | | Die schon seit dem 3. Auftritt immer wieder anklingende Grundhaltung der Soldaten (Begeisterung für die Freiheit des ‚wilden' Soldatenlebens im Gegensatz zur Enge des bürgerlich-beschränkten Lebens) findet im schwungvoll-gemeinschaftsstiftenden Soldatenlied ihren höchsten inhaltlichen Ausdruck und wird zugleich in der Bewegtheit der Massenszene formal verwirklicht. |

# Die Piccolomini

## Aufzug I / Auftritte:

**(Sz. 2)** Im Rathaus zu Pilsen trifft der kroatische General Isolani ein; wie er haben sich auf Wunsch Wallensteins zahlreiche Regimentsobersten versammelt, und Max Piccolomini hat auch Wallensteins Gattin, die Herzogin von Friedland, und seine Tochter herbeigeführt. Daß es auch Risse in der Front der zu Wallenstein Eilenden gibt, wird erkennbar, als der von Wallenstein gerade zum Generalmajor gemachte Buttler, dessen Rangbestätigung durch den Kaiser noch aussteht, vom Fernbleiben des Grafen Gallas spricht, der auch ihn, Buttler, habe zurückhalten wollen. Bedenklich spricht Feldmarschall Illo von kaiserlichen Forderungen, die auf Wallensteins Schwächung abzielten und die der Kriegsrat von Questenberg überbracht habe. – **(Sz. 2)** Questenberg erscheint mit Octavio Piccolomini; in einer erregten Auseinandersetzung mit Illo muß er feststellen, wie ausschließlich die Offiziere Wallenstein ergeben sind und wie hochfahrend ihr Auftreten gegenüber dem Abgesandten des Kaisers ist. „Vom Wallenstein / erhielten wir den Kaiser erst zum Herrn, / Er knüpft uns, er allein, an diese Fahnen", charakterisiert Buttler die Situation. – **(Sz. 3)** Nur bei Octavio Piccolomini, der dem Kaiser unbedingt ergeben ist und für den vorbereiteten Sturz Wallensteins bereits als Nachfolger insgeheim ernannt ist, findet Questenberg Rückhalt; Octavio gibt jedoch seine Einstellung nicht zu erkennen und läßt auch seinen Sohn Max, Wallensteins glühenden Bewunderer, im unklaren. Octavio selbst ist seit der Schlacht von Lützen, bei der er Wallenstein ein Pferd überbrachte, im Besitz von dessen Vertrauen. – **(Sz. 4)** Der zu Octavio und Questenberg hinzukommende Max stößt den ihm nähertretenden Sendboten der kaiserlichen Welt brüsk zurück; er sieht in ihm nur den pedantischen Kritiker der von ihm bewunderten und verehrten „Herrscherseele" (412) Wallenstein und will nicht erkennen, daß zwischen dem Feldherrn und der

**Verschiedene Einstellung der Unterführer**

**Questenbergs Rückhalt bei Octavio Piccolomini**

**Octavio als Vertrauensperson Wallensteins**

**Max Piccolominis Bewunderung der Persönlichkeit Wallensteins**

übergeordneten Welt des Kaisers der Zusammenstoß kommen *muß*. Trotz dieser Verkennung der Lage sieht er jedoch scharf, daß gerade das Mißtrauen des Hofs die befürchtete Auflehnung Wallensteins herbeiführen könnte: „Ihr macht ihn zum Empörer" (572).

**(Sz. 5)** Nach Maxens Abgang erkennt Octavio erst in vollem Umfang, wie eng die Verbindung seines Sohns mit Wallenstein ist; er verwünscht die gerade beendete Reise Maxens mit der Herzogin und ihrer Tochter.

## Aufzug II / Auftritte:

**Hinweis auf Wallensteins Hang zur Astrologie**

**(Sz. 1)** Ein Saal beim Herzog von Friedland, Schauplatz des II. Aufzugs, erhält durch den Astrologen Seni, der sich mit den Bedienten gerade unter wunderlichen Reden über die Bedeutung von Ort und Stunde zurückzieht, eine seltsame Atmosphäre. – **(Sz. 2)** Erstmals tritt Wallenstein selbst auf. Er begrüßt die Herzogin nach ihrer Reise, spricht aber ohne jeden ‚privaten' Beiton nur aus der ungeheuren Distanz seiner ‚offiziellen' Existenz; seine Fragen gelten der Behandlung, die die Herzogin am kaiserlichen Hof erfahren hat. Sie berichtet von „lastend feierliche(m) Schweigen" (667) und von Gerüchten über eine bevorstehende erneute Absetzung Wallensteins. Auf ihr Schlußwort „Was sind wir, / Wenn kaiserliche Huld sich von uns wendet!" (715 f.) bleibt Wallensteins Antwort aus. – **(Sz. 3)** Von der Gräfin Terzky geführt, erscheint Wallensteins Tochter Thekla. Er begrüßt sie mit der Voraussage, sie werde „den Kranz / Des kriegerischen Lebens (...) / In einen königlichen Schmuck verwandelt" (749 ff.) weitertragen. Offenbar hat er weiterreichende Pläne mit ihr.

**Bericht der Herzogin über das Mißtrauen am Kaiserhof**

**(Sz. 4)** In herzlichen Worten begrüßt Wallenstein dann Max Piccolomini, den er ganz in bezug auf sich selbst als „Bringer irgendeiner schönen Freude" (756) sieht. Noch während Max' enthusiastischer Antwort überbringt Graf Terzky einen Brief, worauf die Gräfin zum Gehen mahnt. – **(Sz. 5)** Wallenstein, der mit Graf Terzky zurückbleibt,

**Wallensteins Anspruch auf Max**

steht vor der Erkenntnis, daß sich die Lage zuspitzt. In Wien ist über seine Nachfolge bereits entschieden, und die schwedischen Feinde, mit denen er in Geheimverhandlungen über ein Bündnis gegen den Kaiser steht, trauen seinen Absichten nicht, weil er sich bisher nicht schriftlich festgelegt hat. Terzky drängt Wallenstein, nun endlich die Gelegenheit zum Abfall vom Kaiser zu ergreifen und damit der Absetzung zuvorzukommen. Gegen seine rein taktische Sicht setzt Wallenstein jedoch politische Bedenken. „Es soll nicht von mir heißen, daß ich Deutschland / Zerstücket hab, verraten an den Fremdling" und gibt schließlich zu erkennen, daß er möglicherweise mit dem Gedanken an Abfall vom Kaiser nur gespielt hat: „Es macht mir Freude, meine Macht zu kennen" (868). – **(Sz. 6)** Als der Feldmarschall Illo hinzukommt und in Terzkys Drängen einstimmt, die Gunst der Stunde zu nutzen, gibt Wallenstein preis, was für sein Zögern bestimmend ist: Es ist der Glaube an die Astrologie, der ihn auf die „Sternenstunde" warten läßt, die jedes Wagnis ausschalten soll. Derselbe Glaube steht auch hinter seinem Vertrauen zu Octavio Piccolomini, dem er „sein Horoskop gestellt" (888) hat. Als einziges Zugeständnis ermächtigt Wallenstein Illo, ihm eine Verschreibung zu verschaffen, in der die versammelten Offiziere ihm ihre blinde Ergebenheit erklären sollen. – **(Sz. 7)** Vor den sich nun versammelnden Offizieren antwortet Wallenstein jetzt Questenberg auf die kaiserliche Botschaft, die er überbracht hat und in der Wallenstein seine eigenwillige Führung des Feldzugs und sein Verharren im Lager vorgeworfen wird. Jetzt wird von ihm verlangt, daß er das Lager sofort räumt und noch vor Ostern Regensburg nimmt; hierzu hat der Kaiser bereits dem – Wallenstein unterstellten – Obersten Suys Befehl gegeben, nach Bayern vorzurücken und hat damit Wallensteins Bedingung der uneingeschränkten Befehlsgewalt über sein Heer verletzt. Acht Regimenter Wallensteins sollen zu dem spanischen Heer des Kardinal-Infanten stoßen, womit Wallensteins Macht entscheidend geschwächt würde. In einer nur vordergründig an Questenberg gerichteten Erwiderung kündigt Wallenstein an, er

**Wallensteins Zögern und die taktische Argumentation der Berater**

**Astrologie als Grund für das Zögern**

**Die Verschreibung der Offiziere**

**Die Auseinandersetzung mit Questenberg**

Die Ankündigung, den kaiserlichen Dienst zu verlassen

werde des Kaisers Dienst verlassen: „Es tut mir leid um meine Obersten, / Noch seh ich nicht, wie sie zu ihren vorgeschoßnen Geldern, / Zum wohlverdienten Lohne kommen werden“ (1261ff.); damit setzt er seine Unterführer kaum versteckt unter Druck. Die bestürzten Offiziere suchen nun nach einem Weg, Wallenstein ihre Ergebenheit zu bezeugen und ihn umzustimmen. Er verweist sie im Abgehen an Illo: „Hier der Feldmarschall weiß um meinen Willen“ (1300).

## Aufzug III / Auftritte:

Die Verschreibung mit und ohne Vorbehaltsklausel

**(Sz. 1)** Bei einem Festmahl für die Offiziere soll eine Ergebenheitserklärung für Wallenstein durch die Gäste unterzeichnet werden. Terzky und Illo bereiten dieses Schreiben vor; die darin enthaltene Klausel mit dem Vorbehalt, daß der dem Kaiser geleistete Diensteid davon unberührt bleiben soll, kommt nur in der vor Tisch vorgelegten Fassung vor, während die nach dem Gelage zu unterschreibende Fassung sie nicht mehr enthält. Mit dieser Intrige wollen sie Wallenstein die uneingeschränkte Verpflichtung aller Offiziere verschaffen und ihn, dessen Warten auf ein Zeichen der Sterne sie mit Sorge sehen, zur Entscheidung gegen den Kaiser drängen: „Die Gelegenheit / Soll ihn verführen. Ist der große Schritt / Nur erst getan, den sie zu Wien ihm nicht verzeihn, / So wird der Notzwang der Begebenheiten / Ihn weiter schon und weiter führen ...“ (1365ff.).

Gräfin Terzkys Versuch, Max' Liebe zu Thekla auszunützen

**(Sz. 2)** Zugleich hat Terzky mit seiner Schwester, der Gräfin, eine weitere Intrige vereinbart, um Max Piccolomini Wallenstein bedingungslos zu verpflichten, aber auch ihn von dem zu unterzeichnenden Papier abzulenken: Sie glauben zu durchschauen, warum gerade Max Wallensteins Tochter hergeleiten sollte, und sorgen für ein Treffen zwischen ihm und Thekla, die schon auf der Reise ihre Liebe zueinander entdeckt haben. – **(Sz. 3)** Für Max, der zunächst auf die Gräfin trifft, hat sich seit der Begegnung mit Thekla die Welt verwandelt. An die Stelle des Waffengeschäfts ist für ihn die Vorstel-

Max' Vorstellung einer Liebesidylle jenseits der geschichtlichen Welt

lung eines weltabgewandten, friedlichen Liebesglücks getreten. Er berichtet der Gräfin von seiner Begegnung mit Thekla am letzten Tag der Herreise, ohne zu erkennen, daß sie seine Weltvergessenheit dazu nutzt, ihn für ihre Pläne einzusetzen. – **(Sz. 4)** Das Gespräch der hinzutretenden Thekla mit Max und der Gräfin dreht sich zuerst um das Horoskop, das ihr der Astrologe Seni gestellt hat und aus dem Max das verklärte Wunschbild einer heiter der Kunst zugewandten, ins Friedliche transponierten Existenz Wallensteins herausliest: „Er hat genug für seinen Ruhm getan, / Kann jetzt sich selber leben und den Seinen."

**Max' Wunschbild Wallensteins**

**(Sz. 5)** Als die Gräfin das Zimmer verläßt, warnt Thekla, die im Gegensatz zu Max Hinterabsichten spürt, den Geliebten: „Trau niemand hier als mir. Ich sah es gleich, / Sie haben einen Zweck" (1685f.). Sie bekennt sich zu ihrer Liebe als einer letzten Gemeinsamkeit in „unserm Herzen Innerstem" (1733), die vor dem Zugriff anderer bewahrt werden muß. – **(Sz. 6)** Die Gräfin erscheint nun wieder und drängt Max zur Teilnahme am beginnenden Festmahl. – **(Sz. 7)** Nach seinem raschen Abschied singt Thekla ein Lied von bedrohter Liebe im gewalttätigen Aufruhr der Natur. – **(Sz. 8)** Die zurückkehrende Gräfin wirft ihr nun ihre bedingungslose Zuwendung zu Max vor, die ihren Plänen und den Interessen Wallensteins nicht entspreche. Sie fordert Thekla auf, sich den Machtplänen des Vaters anzugliedern: „Das Weib soll sich nicht selber gehören, / An fremdes Schicksal ist sie fest gebunden ..." (1824f.). Dagegen setzt Thekla, die dem „furchtbar ungeheuren Dasein" (1808) des Vaters fremd gegenübersteht, ein durch die Liebe zu Max erwachtes Selbstbewußtsein: „Daß ich mir selbst gehöre, weiß ich nun" (1850). – Sie ist entschlossen, sich dem Machtkalkül des Vaters zu entziehen und sich zu ihrer Liebe zu Max zu bekennen, obwohl sie die übermächtigen Gefahren ahnt: „Nicht frohe Zeichen sinds, / Die diesem Bündnis unserer Herzen leuchten" (1893f.). Szene und Aufzug schließen mit einer Untergangsvision Theklas.

**Theklas Abwehr gegenüber den Plänen des Vaters**

**Untergangsvision Theklas**

## Aufzug IV / Auftritte:

**Versammlung der Offiziere**

**(Sz. 1)** Das Festmahl der Offiziere hat begonnen. Von Terzky aufgefordert, verliest Max Piccolomini den Text des Verpflichtungsschreibens, in dem die Einschränkung „... so weit nämlich unser dem Kaiser geleisteter Eid erlauben wird ..." enthalten ist. – **(Sz. 2)** Terzky vertauscht nun die zweite Fassung, in der die Einschränkung fehlt, mit dem Original. – **(Sz. 3)** Illo berichtet ihm, daß die Erhitzung der Gäste steigt: „Schon ist / Die Red nicht mehr davon, den Herzog bloß / Bei Ehren zu erhalten" (1950 f.). – **(Sz. 4)** Buttler, der das Fehlen der Klausel bemerkt hat, bekennt sich aus einem zunächst noch nicht weiter erklärten Groll gegen den Kaiserhof gleichwohl zu Wallenstein, den er wie sich selbst als unbedeutend von Geburt, aber begünstigt von Glück, als „der Fortuna Kind" (2011) ansieht. Er will auch weitere Offiziere zur Unterschrift bewegen. – **(Sz. 5)** Wie unterminiert Wallensteins Machtbereich andererseits schon ist, zeigen die Gespräche zwischen dem Kellermeister und den Bedienten, die inmitten des turbulenten Gelages Augen und Ohren offenhalten, um nach Wien zu berichten. – **(Sz. 6)** Beim Verlassen des Mahls unterschreiben Isolani und Buttler; nur Octavio Piccolomini, der Buttler ins Gespräch zu ziehen versucht, prüft nochmals den Wortlaut, unterschreibt aber gleichfalls, ohne sich etwas anmerken zu lassen. – **(Sz. 7)** Max Piccolomini, bisher wie abwesend auf der Bühne, hat noch nicht unterschrieben; während mehrere Offiziere beiläufig das Fehlen der Klausel erwähnen („Ich merkt es wohl, vor Tische las mans anders", 2245) und von Buttler beruhigt werden, dringt der vom Trinken erhitzte Illo auf Max ein, erzürnt durch dessen Weigerung zu unterschreiben, und zieht schließlich den Degen, wird aber im Durcheinander des Aufbruchs entwaffnet und zurückgedrängt.

**Buttlers Identifikation mit Wallenstein**

**Octavios scheinbare Eingliederung**

## Aufzug V / Auftritte:

**(Sz. 1)** Noch in der Nacht kommt es zur Aussprache zwischen Octavio und Max Piccolomini. Octavio öffnet seinem Sohn jetzt die Augen über Wallensteins bevorstehenden Abfall vom Kaiser, den er für beschlossen hält, an den aber Max auch jetzt noch nicht glauben will. Max erkennt hellsichtig, daß gerade die anlaufenden Gegenmaßnahmen (Octavio ist zum Oberbefehlshaber des Heeres ernannt) Wallenstein am Ende zum Abfall treiben könnten: „Ich weiß, daß man vor leeren Schrecken zittert, / Doch wahres Unglück bringt der falsche Wahn“ (2362 f.). Auch die tiefe Problematik von Octavios Handeln wird von Max ausgesprochen: „Der Fürst, sagst du, entdeckte redlich dir sein Herz / Zu einem bösen Zweck, und *du* willst ihn / Zu einem guten Zweck betrogen haben!“ (2462 ff.). Dagegen beruft sich Octavio, der als höchste Verpflichtung die Interessen des Kaisers betreibt, auf die tragische Notwendigkeit seines Vorgehens: „In steter Notwehr gegen arge List / Bleibt auch das redliche Gemüt nicht wahr“ (2450 f.). – **(Sz. 2)** Ein Kurier bringt Botschaft, daß der Unterhändler Sesin auf dem Weg zu den Schweden abgefangen worden ist. – **(Sz. 3)** Max verweigert seine Mitwirkung im Intrigenspiel des Vaters und kündigt an, er werde Wallenstein selbst befragen, um die Situation so rasch wie möglich zu klären: „Und eh' der Tag sich neigt, muß sichs erklären. / Ob ich den Freund, ob ich den Vater soll entbehren.“

**Auseinandersetzung zwischen Octavio und Max**

**Rechtfertigung und Infragestellung von Octavios Vorgehen**

**Zuspitzung durch Max' Entschluß zur Aufrichtigkeit**

| Aufzug | Auftritt | Hauptfiguren | Schauplatz | Thematik und Funktion |
|---|---|---|---|---|
| I | 1<br>2<br>3<br>4<br>5 | Octavio<br>Questenberg<br>Max | Rathaus<br>zu Pilsen | Der erste Aufzug zeigt, mit welchen Widerständen der Höfling Questenberg in der auf Wallenstein eingeschworenen Welt der Offiziere rechnen muß. Ferner wird Octavios zwiespältige Stellung als Vertrauter Wallensteins und Bevollmächtigter des Kaisers sichtbar; dies besonders dadurch, daß er aus taktischen Gründen seinem Sohn Max seine eigentliche Aufgabe verschweigt. Durch die Erwähnung von Max' Reise wird beim Zuschauer Spannung erzeugt. |
| II | 1<br>2<br>3<br>4<br>5<br>6<br>7 | Wallenstein<br>Gräfin<br>Terzky<br>Max<br>Illo<br>Questenberg | Saal beim<br>Herzog von<br>Friedland | Der Zuschauer sieht nun erstmals die bisher nur in Spiegelungen faßbare Person des Feldherrn, die sich jedoch weiterhin eindeutiger Festlegung entzieht (so im Gespräch mit den Beratern) und deren Verhältnis zu dem schwärmerisch ergebenen Max von egoistischer Verfügung ebenso wie von Zuneigung geprägt erscheint. Der in diesem Aufzug erkennbaren Zuspitzung der politischen Lage steht das eigentümliche Zögern Wallensteins und dessen rätselhafte astrologische Begründung gegenüber. Ein die Spannung verstärkendes Moment ist die von Wallensteins Beratern (mit seiner Duldung) geplante Intrige, mit der Wallensteins Offiziere dazu gebracht werden sollen, sich vorbehaltlos auf die Seite Wallensteins und gegen den Kaiser zu stellen. |

| | | | | |
|---|---|---|---|---|
| III | 1<br>2<br>3<br>4<br>5<br>6<br>7<br>8<br>9 | Thekla<br>Max<br>Gräfin | Ein Zimmer | Der Zuschauer erfährt in diesem Aufzug, welche Bewandtnis es mit Max' erwähnter Reise hat. Die unbedingte Liebe zwischen ihm und Thekla und deren von ihr, nicht aber von ihm durchschaute Einbeziehung in die politische Intrige der Gräfin werden deutlich. Der Aufzug endet mit einer düsteren Vorausschau auf die verderbliche Spannung zwischen zeitenthobener Liebesidylle und zeitlich-geschichtlicher Wirklichkeit. Max' idealistische Sicht des weiteren Handelns Wallensteins wird für den Zuschauer als wirklichkeitsfern erkennbar; in Theklas Absage an die Welt der politischen Intrige deutet sich eine tragfähige Gegenposition an. |
| IV | 1<br>2<br>3<br>4<br>5<br>6<br>7 | Terzky<br>Illo<br>Buttler<br>Octavio<br>Max | Ein großer, festlich erleuchteter Saal | Der gesamte vierte Aufzug ist dem Festmahl der Offiziere gewidmet, bei dem die geplante Intrige ihren Lauf nehmen soll und die Verschreibung für Wallenstein unterschrieben werden soll. Die wachsende Erhitzung der Gäste entspricht dem Kalkül der Berater, Octavios verdecktes Handeln führt ihn zur Unterschrift wider besseres Wissen, während Max mehr aus Zufall heraus nicht unterschreibt. Eigenes Interesse erweckt Buttler, dessen Aversion gegen den Kaiserhof nach einer Erklärung verlangt, während seine Fixierung auf Wallenstein dadurch begreiflich wird, daß er sich wie ihn als den von Fortuna Begünstigten sieht. |

| | | | | |
|---|---|---|---|---|
| | | | | |
| V | 1<br>2<br>3 | Octavio<br>Max | Ein Zimmer in (Octavio) Piccolominis Wohnung | In der großen Auseinandersetzung zwischen Vater und Sohn spitzt sich die rätselhafte Vielzahl der Bilder Wallensteins, die der Zuschauer bisher erfahren hat und die auch durch Wallenstein selbst weder Bestätigung noch Widerlegung gefunden haben, auf die Antithese vom berechnenden Intriganten (so Octavio) und vom uneigennützigen schöpferischen Genie (so Max) zu. Trotz seiner bisherigen Wirklichkeitsblindheit formuliert Max gültige Einwände gegen Octavios taktisches Handeln, während Octavio sich mit der tragischen Notwendigkeit seines Vorgehens rechtfertigt. Max' Ankündigung, die ausweglose Zweck-Mittel-Problematik durch Offenheit gegen Wallenstein zu durchbrechen, schafft höchste Spannung auf den Fortgang. |

## Wallensteins Tod

### Aufzug I / Auftritte:

**(Sz. 1)** Im Astrologiezimmer beobachtet Wallenstein zusammen mit Seni die Planetenbilder. Wallenstein sieht jetzt, da Jupiter und Venus den „tückschen Mars“ (13) in die Mitte nehmen und „Jupiter, der glänzende“ (30) regiert, die Zeit zum Handeln gekommen. – **(Sz. 2)** Da bringt Terzky eilig die Nachricht, Sesin sei gefangen und der Kaiserhof daher über die Verhandlungen mit den Schweden im Bild. – **(Sz. 3)** Noch immer zögert Wallenstein: „Wie? Sollt ichs nun im Ernst erfüllen müssen, / Weil ich zu frei gescherzt mit dem Gedanken?“ (112f.). Er ist aber doch bereit, den schwedischen Unterhändler Oberst Wrangel zu empfangen. – **(Sz. 4)** In einem großen Monolog wägt er nochmals die gegeneinanderstehenden Möglichkeiten ab. Das Festhalten an der alten kaiserlichen Ordnung, die zugleich ehrwürdig und das „ewig Gestrige“ (208) ist, erscheint ihm ebenso zwiespältig wie das Wagnis der eigenen Autonomie. Als letzter Grund seiner Handlungsscheu wird ein grundsätzliches Mißtrauen gegenüber der Festlegung sichtbar, die jedes konkrete Handeln mit sich bringt: „In meiner Brust war meine Tat noch mein ...“ (186). – **(Sz. 5)** Gegenüber Oberst Wrangel, dem Abgesandten der Schweden, stellt sich Wallenstein als vom Kaiser zum Verrat förmlich gezwungen dar; erst jedoch nach Vorlage des Schreibens der Offiziere ist Wrangel zum Abschluß des Vertrags mit Wallenstein bereit, will aber als Sicherheit Prag verpfändet haben. Wallenstein verlangt Bedenkzeit, und die Entscheidung bleibt noch in der Schwebe. – **(Sz. 6)** Vor den voreilig triumphierenden Ratgebern Terzky und Illo zeigt sich Wallenstein erneut zögernd. – **(Sz. 7)** Erst Gräfin Terzky vermag ihn endgültig zu dem unausweichlichen Entschluß zu bewegen; sie stellt ihm den Erfolg als entscheidendes Maß der geschichtlichen Tat dar („Entworfen bloß, ists ein gemeiner Frevel, / Vollführt, ists ein unsterblich Unternehmen“, 470f.) und führt ihm das abschrek-

**Astrologie als Wallensteins ‚Innerstes‘**

**Ambivalentes Bild der traditionellen Ordnung und der Autonomie**

**Verzögerung der Entscheidung zum Verrat**

**Amoralische Erfolgsideologie der Gräfin Terzky**

kende Gegenbild einer bequemen, aber wirkungslosen Existenz als Entmachteter vor Augen. Auch durch die heraufbeschworene Erinnerung an die Undankbarkeit des Kaisers wird Wallensteins Entschluß befestigt. So läßt er, obgleich von unheilvollen Vorahnungen erfüllt, erneut nach Wrangel schicken.

## Aufzug II / Auftritte:

**Octavios Betrauung**

**(Sz. 1)** Wallenstein, der Octavio Piccolominis wahre Rolle nicht kennt, beauftragt ihn, die acht Regimenter zur Unterstützung des spanischen Heers zu übernehmen und unter allerlei Ausflüchten den Abmarsch zu verzögern. – **(Sz. 2)** Max Piccolomini erscheint. Wallenstein eröffnet ihm, daß er sich vom Kaiser abgewandt hat, und zerstört damit die letzte Hoffnung, die Max noch gehegt hat, das kaiserliche und das Machtpotential Wallensteins könnten harmonisch vereinbart bleiben. Er rechtfertigt sein Vorgehen und stellt Max vor die Notwendigkeit, sich zwischen ihm und dem Kaiser zu entscheiden: „Feindlich scheiden / Die Wege sich. Mit Pflichten streiten Pflichten“ (723 f.). Max ist nicht bereit, Wallenstein wie bisher bedingungslos zu folgen: „Zum ersten Male heut verweisest du / Mich an mich selbst und zwingst mich, eine Wahl zu treffen zwischen dir und meinem Herzen.“ Als es ihm nicht gelingt, Wallenstein umzustimmen, geht er schnell ab. – **(Sz. 3)** Illo und Terzky erscheinen und berichten, daß Wrangel nicht mehr zu finden sei. Sie warnen Wallenstein nochmals eindringlich, an seinem Vertrauen zu Octavio Piccolomini festzuhalten. Wallenstein weist ihr Mißtrauen auch jetzt noch zurück und begründet sein besonderes Verhältnis zu Octavio, der ihm in besonders gefährdeter Lage bei der Schlacht von Lützen das rettende schnelle Pferd zugeführt habe und der ihm aufgrund dieses schicksalhaften Zusammentreffens als treuester aller Gefährten zugewiesen sei. – **(Sz. 4)** Unterdessen treibt Octavio Piccolomini seine Gegenmaßnahmen weiter; er hat hinter seine Wohnung ein Kommando bestellt, das seine nächsten Besucher

**Max' neue Mündigkeit im Streit der Pflichten**

**Wallensteins Erinnerung an die Schlacht von Lützen**

verhaften soll, sofern er sie nicht zur Sache des Kaisers umlenken kann. – **(Sz. 5)** Als erster erscheint Graf Isolani. Ihm, der sich ohne Gewissensnöte auf Wallensteins Seite stellen will, entdeckt Octavio unvermittelt, wie seine Gegenmaßnahmen schon angelaufen sind. Der verwirrte Isolani schlägt sich ohne weitere Bedenken auf Octavios Seite, als er dort die besseren Ausichten sieht. – **(Sz. 6)** Härteren Widerstand leistet Oberst Buttler, der tief verletzt ist über die vermeintliche Zurückweisung seines Anspruchs auf den Grafentitel durch den Kaiserhof. Erst als ihm Octavio durch einen Brief darlegt, Wallenstein selbst habe diese Zurückweisung betrieben, um ihn gegen den Hof einzunehmen, der Kaiser jedoch bestätige ihn als Regimentskommandeur, wechselt auch Buttler die Seite. Getrieben von unversöhnlichem Haß gegen Wallenstein, bittet er jetzt darum, mit seinem Regiment bleiben zu dürfen – „Ihr überlasset / Ihn seinem guten Engel nicht!“ (1180 f.) – **(Sz. 7)** Unmittelbar vor Octavios Abreise kommt es zu einem letzten Treffen mit Max. Max fühlt sich von seinem geistigen Vater Wallenstein, aber auch von seinem leiblichen Vater Octavio, die beide ihre Pläne über ihn hinweg verfolgt haben, gleichermaßen enttäuscht und hintergangen und sagt sich von beiden los: „... alles log mir, was ich hochgeachtet“, nur die Liebe zu Thekla bleibt ihm als der „einzig reine Ort“ (1220).

**Octavios Intrige zur Gewinnung Buttlers**

**Max' Absage an seine ‚beiden Väter'**

## Aufzug III / Auftritte:

**(Sz. 1)** Im Saal bei der Herzogin von Friedland fragt Gräfin Terzky Thekla nach ihrer Verbindung mit Max, der ferngeblieben ist. – **(Sz. 2)** Sie teilt Thekla Wallensteins Abfall vom Kaiser mit; Thekla sieht ihre düsteren Ahnungen sich erfüllen. – **(Sz. 3)** Die Herzogin tritt hinzu; in ihren Befürchtungen über Wallensteins Bruch mit dem Kaiser blickt sie zurück auf ihr „angstvoll Leben mit ihm“ (1382) und auf Wallensteins Wandlung, in der seit der Demütigung auf dem Fürstentag zu Regensburg der „fröhlich Strebende“ (1397) zu einem unsteten, arg-

**Rückblick der Herzogin auf Wallensteins ‚Veränderung'**

wöhnischen, den „dunklen Künsten" (1408) zugewandten Geist geworden ist. – **(Sz. 4)** Wallenstein erscheint in Begleitung von Illo, vorgeblich um eine „heitre Stunde / Im lieben Kreis der Meinen" (1463 f.) zu verbringen – in Wahrheit, um der angstvollen Herzogin die Entscheidung zum Abfall mitzuteilen. Thekla, die ihm auf der Zither vorspielen soll, wirft das Instrument weg und geht ab; sie will sich aus der Sphäre des Machtkalküls entfernen. Als Wallenstein von Theklas Liebe zu Max erfährt, weist er jeden Gedanken an eine Verbindung schroff zurück: „Er ist ein Untertan, und meinen Eidam / Will ich mir auf Europens Thronen suchen" (1512 f.). Schneidend beharrt er auf seiner Verfügung über seine Tochter; die Herzogin soll sich indessen nach Holland begeben. – **(Sz. 5)** Nun stürzt Terzky herein und meldet, daß die Kroaten und die Jäger in der Nacht das Lager verlassen haben und sich offenbar von Wallenstein abwenden. – **(Sz. 6)** Weitere Unglücksbotschaften bringt Illo: In großer Zahl haben sich Offiziere entfernt; nur mit Buttler scheint noch zu rechnen zu sein. – **(Sz. 7)** Am Fenster zeigt sich „ein Rennen und Zusammenlaufen / Bei allen Truppen" (1504 f.). Erneut wehrt Wallenstein jeden Verdacht gegen Octavio Piccolomini ab. – **(Sz. 8)** Erst als Illo die Nachricht bringt, daß die Tiefenbacher Truppen ihre Ablösung verweigern und sich dabei auf den Generalleutnant (Octavio) Piccolomini berufen, der eine eigenhändige Vollmacht des Kaisers vorgewiesen habe, ist auch für Wallenstein Octavios Gegnerschaft erwiesen. – **(Sz. 9)** Noch einmal bekennt sich Wallenstein zu den höheren Botschaften der Sterne, die ihn Octavio vertrauen ließen – „Die Sterne lügen nicht, *das* aber ist / Geschehen wider Sternenlauf und Schicksal" (1668 f.). – **(Sz. 10)** Er beklagt Octavios Verrat vor dem hinzutretenden Buttler, der ihm gleichfalls schon entgegenarbeitet und jetzt die Nachricht bringt, Graf Kinskys Bote aus Prag sei abgefangen, Prag verloren, die böhmischen Regimenter neu auf den Kaiser eingeschworen; der Brief des Boten mache die Runde durchs Lager und sei die Ursache der allgemeinen Unruhe. Jetzt, nach dieser neuen Unglücksbotschaft, fühlt sich Wallenstein „von allen

**Theklas Verweigerung gegenüber der Welt der politischen Intrige**

**Unglücksbotschaften**

**Erkennen von Octavios Gegnerschaft**

**Weitere Unglücksbotschaften**

Zweifelsqualen" (1741) befreit und nimmt die Notwendigkeit zu kämpfen auf sich. – **(Sz. 11)** Von düsteren Ahnungen getrieben erscheint Gräfin Terzky. – **(Sz. 12)** Sie verrät der Herzogin, die sich durch Thekla nicht mehr zurückhalten läßt, die Wahrheit von Wallensteins Abfall und der unglücklichen Wendung der Dinge; die Herzogin fällt ohnmächtig in Theklas Arme. –

**(Sz. 13)** Großer Saal beim Herzog von Friedland; geharnischt tritt Wallenstein auf. Trotz aller Unglücksbotschaften will er den Kampf aufnehmen, vertrauend auf seine ungebrochene Stärke. – **(Sz. 14)** Eine Abordnung von zehn Pappenheimer Kürassieren verlangt ihn im Namen des Regiments zu sprechen. – **(Sz. 15)** Noch bevor sie ihren Auftrag erfüllen können, nennt Wallenstein mehrere unter ihnen beim Namen und erinnert sie an ihren Werdegang bei seinen Truppen. Sie erklären, daß sie und ihr Regiment ihm die Treue halten wollen, sofern es ihm um die Bewahrung seiner Feldherrnwürde im Dienst Österreichs gehe, daß sie jedoch von ihm abfallen würden, wenn er sie zum schwedischen Feind hinüberführen wolle. Wallenstein gewinnt ihr Vertrauen zurück durch die Erklärung, er werde nur zum Schein mit den Schweden paktieren. – **(Sz. 16)** Da drängt im kritischen Augenblick Buttler herein mit der wohlberechneten Nachricht, Graf Terzkys Regimenter hätten den kaiserlichen Adler von den Fahnen gerissen und Wallensteins Feldzeichen an dessen Stelle gesetzt. Darauf marschieren die Kürassiere ab; der Versuch, sie zurückzugewinnen, ist fehlgeschlagen. – **(Sz. 17)** Während Wallenstein Anstalten trifft, die Frauen wegbringen zu lassen, versammeln sich die Pappenheimer, die Max Piccolomini im Schloß vermuten und ihn befreien wollen. Zur Überraschung aller, die ihn schon mit seinem Vater zum Kaiser übergelaufen geglaubt haben, erscheint Max im Saal. – **(Sz. 18)** An ihn, dem nur an Theklas Einverständnis liegt, richtet Wallenstein, hin- und hergerissen zwischen echter Zuneigung und hochfahrendem Verfügungsanspruch, einen letzten Appell, bei ihm zu bleiben. – **(Sz. 19)** Inzwischen sind die Pappenheimer vor dem Schloß abgesessen und drohen mit Beschie-

**Verhandlung mit den Pappenheimern**

**Buttlers scheinbare Ungeschicklichkeit**

ßung. – **(Sz. 20)** Wallenstein scheut sich, die Stadt Pilsen zum Schlachtfeld werden zu lassen, und verläßt die Bühne, um die rebellischen Truppen durch sein persönliches Erscheinen auf dem Altan zu zähmen. – **(Sz. 21)** Als auch die Gräfin Terzky an Max appelliert, nach dem Verrat seines Vaters selbst dem Haus Wallensteins treu zu bleiben, ruft Max Thekla zur Entscheidung auf; sie rät ihm, seinem ersten Gefühl zu folgen (also sich von Wallenstein abzuwenden): „Uns trennt das Schicksal, unsere Herzen bleiben einig" (2349). **(Sz. 22)** Terzky bringt die Nachricht, auch Wallensteins Erscheinen habe seine Wirkung verfehlt, da seine Worte durch Musikspiel übertönt worden seien. – **(Sz. 23)** Kürassiere treten in den Saal und verlangen nach Max. Max nimmt von Thekla Abschied; Wallenstein verweigert ihm seine Hand. Max bittet (tragische Ironie) Buttler, Wallensteins Leben zu beschützen; dann ruft er seine Kürassiere auf, mit ihm den Tod zu suchen, und verläßt mit ihnen den Saal.

**Theklas Entscheidung für Max**

**Max' Verzweiflung und Weg in den Tod**

## Aufzug IV / Auftritte:

**(Sz. 1)** Im Haus des Bürgermeisters zu Eger. Buttler, der sich als Wallensteins Verfolger und Verderber sieht, trachtet danach, ihm jeden Rettungsweg abzuschneiden. – **(Sz. 2)** Er hat Gordon, den Kommandanten von Eger, ins Vertrauen gezogen. Gordon, der die Erinnerung an seine Jugendtage mit Wallenstein bewahrt, ist als subalterner, rechtlich gesinnter Untertan des Kaisers schmerzlich bewegt, aber doch zur Unterordnung bereit. – **(Sz. 3)** Im Gespräch mit dem Bürgermeister von Eger, dessen Stadt in bedrängter Lage ist, kündigt Wallenstein Erleichterung und in fast visionärem Ton „eine neue Ordnung / der Dinge" (2609f.) an; er deutet die am Himmel erschienenen drei Monde, von denen nur der mittlere Bestand hatte, als blutigen Untergang zweier Reiche. Dem Kommandanten Gordon, der die letzten dienstfähigen Truppen zur Sicherung gegen die Schweden geschickt hat, will er seine Familie anvertrauen, selbst aber in aller Frühe die Festung verlassen. – **(Sz. 4)** Graf Terzky

**Gordon als neue Kontrastfigur zu Wallenstein**

**Wallensteins Hybris**

bringt die (nun willkommene) Botschaft, die Schweden hätten einen kaiserlichen Trupp unbekannter Herkunft vernichtend geschlagen. – **(Sz. 5)** Illo kündigt einen Reitenden an, der genauere Nachricht bringt: Max Piccolominis Pappenheimer sind die vernichteten kaiserlichen Truppen, die nach tollkühnem Angriff den Schweden erlegen sind. Auch Thekla hat von Max' Ende erfahren und will sterben. – **(Sz. 6)** Gegenüber Gordon beruft sich Buttler darauf, er hafte für Wallensteins Person; da sein Regiment den nähergerückten Schweden nicht widerstehen könne, müsse man Wallenstein ermorden, mit ihm zugleich seine Gefolgsleute Illo und Terzky. Während deren Schicksal Gordon nicht weiter bewegt („*Sie* trieb / Ihr schlechtes Herz, nicht die Gewalt der Sterne" – 2742 f.), beklagt er erschüttert das drohende unrühmliche Ende Wallensteins, während Buttler die nötigen Befehle vorbereitet. – **(Sz. 7)** Im Gespräch mit Buttler und Gordon ergehen sich Terzky und Illo nichtsahnend in Zukunftshoffnungen auf Waffenbrüderschaft mit den Schweden, die am folgenden Tag einziehen sollen; für Wallenstein sehen sie neue Machtfülle voraus. – **(Sz. 8)** Nach dem Abgehen von Terzky und Illo versucht Gordon Buttler zur Mäßigung und zur Schonung der Person Wallensteins zu bewegen; Buttler jedoch, als der von Wallenstein Betrogene zutiefst verletzt, will den Tod des Feldherrn. Er zeichnet das Bild Wallensteins, des frevlerischen Spielers, der mit Menschen umgeht „gleich des Brettspiels Steinen" (2855) und dabei am Ende sein „Leben selbst hineingerechnet" (2861) hat. – **(Sz. 9)** In einem Zimmer bei der Herzogin bemühen sich die Herzogin, Wallenstein und die Gräfin Terzky um Thekla, die sich in ihrer Erschütterung durch Max' Tod gefaßt hat und darauf besteht, den schwedischen Hauptmann, der die Botschaft gebracht hat und Zeuge ihres ersten Schmerzes war, selbst anzuhören. – **(Sz. 10)** Der Hauptmann erscheint und berichtet tief ergriffen vom ungestümen Angriff der Pappenheimer, von Max' Tod unter den Hufen der Pferde und vom Untergang seines gesamten Regiments. Thekla, am Rand der Ohnmacht, erfährt noch von Max' ehrenhaftem Begräb-

**Nachricht von Max' Tod**

**Buttlers Mordplan und Gordons widerstrebendes Mitwirken**

**Buttlers Bild von Wallenstein als den mit Menschen spielenden Schachspieler**

**Botenbericht des schwedischen Hauptmanns von Max' Tod**

**Theklas Entschluß zum Austritt aus Wallensteins Welt**

**Max' Tod als Untergang des Schönen in der Welt**

nis und von seiner Grabstätte beim Kloster Sankt Kathrinenstift. – **(Sz. 11)** Nach dem Abschied des Hauptmanns erklärt Thekla ihrer Hofdame Fräulein Neubrunn, sie wolle noch in dieser Nacht, ohne Wissen und gegen den Willen ihres Vaters, aus dessen aufgewühlter und kriegerischer Welt zu Max' Grab entfliehen, und bittet sie, die Vorbereitungen zu treffen. – **(Sz. 12)** In einer visionären Klage deutet Thekla, allein zurückgeblieben, Max' Tod als Aufruf an sich selbst, ihm, der ihr Leben war, nachzufolgen; sein Schicksal symbolisiert für sie „das Los des Schönen auf der Erde" (3180). – **(Sz. 13)** Ein Stallmeister erscheint mit Fräulein Neubrunn; er will für Pferde zur Flucht sorgen. – **(Sz. 14)** Als letzte Hemmung tritt die Herzogin auf, die sich mit Theklas doppelsinnigem „Ich brauche Ruh" (3196) zufriedengibt und die Tochter dem vermeintlichen Schlaf überläßt.

## Aufzug V / Auftritte:

**Mordvorbereitungen**

**(Sz. 1)** Buttler verfolgt den Mordplan weiter, für den Major Geraldin zwölf Dragoner mit Piken ausrüsten soll. Er hat nach den Hauptleuten Deveroux und Macdonald geschickt, die den Plan rasch ausführen sollen, da sich die Bürger der Stadt bereits auf Wallensteins Seite zu schlagen beginnen. – **(Sz. 2)** Die Hauptleute, die sich noch auf Wallensteins Seite sehen, aber als „Soldaten der Fortuna" (3239) rasch auf die Seite dessen übergehen, der mehr bietet, werden von Buttler rasch auf den Mordplan eingeschworen, dessen Einzelheiten nun vereinbart werden. –

**Wallensteins Nachruf auf Max als sein besseres Selbst**

**(Sz. 3)** In einem Saal kündigt Wallenstein einem schwedischen Hauptmann als Unterhändler an, er werde am folgenden Tag die Festung öffnen. Von der Betrachtung der Sterne, die fast ganz durch den Gewitterhimmel verdeckt sind, kommt Wallenstein zu einem bewegten Nachruf auf Max, den er geradezu als die „Blume" (3443) seines Lebens deutet: „Er machte mir das Wirkliche zum Traum, / Um die gemeine Deutlichkeit der Dinge / Den goldnen Duft der Morgenröte webend –" (3446 ff.). Gräfin Terzky, die diese Ruhestunde mit ihm verbringt, spricht von düsteren Träumen, deren Aussagekraft aber von Wallenstein, der nun von wachsender Schicksalsblindheit geprägt ist, mißachtet wird. – **(Sz. 4)** Während der Kammerdiener Wallenstein nun die Kleider abnimmt, beschwört dieser im Gespräch mit dem Jugendgefährten Gordon, dem er vertraut, alte Zeiten; gegenüber dem alt gewordenen Gefährten von damals spricht er von seinem Glück und seinem Weg „frisch und herrlich auf der Lebenswoge" (3560); für die in allgemeine Betrachtungen verschlüsselten Warnungen Gordons ist er taub. Noch einmal kommt Wallenstein auf Max zurück, dessen Untergang er nun geradezu als Opfer für sein eigenes Wohl nimmt, denn „abgeleitet ist / Auf das geliebte reine Haupt der Blitz, / Der mich zerschmetternd sollte niederschlagen" (3594 ff.). – **(Sz. 5)** Als der Astrologe Seni aufgeregt erscheint und grauenvolle Sternzeichen als Warnung vor falschen Freunden auslegt, damit aber die Schweden im Sinn hat, sieht Gordon noch einmal eine Möglichkeit zur Rettung durch Unterwerfung unter den Kaiser, die Wallenstein aber nicht aufnimmt: „Blut ist geflossen, Gordon. Nimmer kann / Der Kaiser mir vergeben. Könnt ers, ich, / Ich könnte nimmer mir vergeben lassen" (3654 ff.). Danach begibt sich Wallenstein zum Schlaf. – **(Sz. 6)** Zu dem gramvoll zurückbleibenden Gordon tritt Buttler, der die Mörder herbeigeführt hat. Nach einem letzten Versuch, die Tat zu verhindern, gibt Gordon seinen anfänglichen Widerstand auf und bittet, nachdem er von Illos Tod erfahren hat, nur noch um Wallensteins Leben, dann wenigstens um Aufschub. – **(Sz. 7)** Macdonald, Deveroux und ihre Helfer treten nun hervor, töten den Kammerdiener und dringen in Wallensteins Schlafgemach ein, aus dem nach anfänglichem Waffenlärm schließlich kein Ton mehr zu hören ist. – **(Sz. 8)** Gräfin Terzky erscheint, beunruhigt durch Theklas Verschwinden, durch geheimnisvolle Stimmen und Tritte. – **(Sz. 9)** Gordon tritt ihr entgegen und hält sie zurück. – **(Sz. 10)** Nun tritt Seni aus der Galerie und berichtet, während erschreckte Bediente über die Szene laufen, Wallenstein sei in seinem Zimmer ermordet und Graf

**Wallensteins Schicksalsblindheit**

**Max als stellvertretendes Opfer**

**Letzter Versuch zur Abwendung des Mords**

**Ermordung hinter der Bühne**

**Octavios Ankunft**

**Buttlers Rechtfertigung**

**Selbstmord der Gräfin Terzky**

**Octavios sinnlose Erhebung in den Fürstenstand**

Terzky habe man auf der Burg beim Gelage erstochen. Octavio Piccolominis Erscheinen wird angekündigt. – **(Sz. 11)** Entsetzt erfährt Octavio von Wallensteins blutigem Ende und beschuldigt Buttler der Übereilung; dieser jedoch beruft sich auf seinen Auftrag: „Ihr habt den Pfeil geschärft, / Ich hab ihn abgedrückt“ (3805f.). Er will sich aufmachen nach Wien, um sich des Kaisers Dank für seine blutige Tat zu holen. – **(Sz. 12)** Gräfin Terzky, die Gift genommen hat, tritt Octavio entgegen; sie bittet vor ihrem Tod darum, Wallenstein an der Seite seiner ersten Gemahlin zu Gitschin zu begraben. Octavio, der durch Max' Tod seinen Erben verloren hat, erfährt durch Gordon von einem kaiserlichen Brief, der seine – nun eigentlich sinnlose – Erhebung in den Fürstenstand ankündigt. Mit dieser letzten tragisch-ironischen Schicksalswendung endet die Trilogie.

**Wallensteins Tod / Übersicht**

| Aufzug | Auftritt | Hauptfiguren | Schauplatz | Thematik und Funktion |
|---|---|---|---|---|
| I | 1<br>2<br>3<br>4<br>5<br>6<br>7 | Wallenstein<br>Wrangel<br>Gräfin<br>Terzky<br>Illo | Ein Zimmer zu astrologischen Arbeiten eingerichtet | Erst mit dem Beginn des letzten Teils der Trilogie tritt Wallenstein selbst beherrschend in den Vordergrund. Symbol für sein verrätseltes Ich ist die Astrologie. Daß die Widersprüchlichkeit durch Wallensteins eigenes Ich geht, zeigt der große Monolog (I,4), in dem Einordnung wie Autonomie zwiespältig gesehen werden und die Utopie allseitiger Freiheit als Wallensteins eigentlicher Antrieb sich enthüllt. Dieser Antrieb hat ihn nun paradoxerweise in eine totale Zwangslage gebracht. Auch in dieser braucht es noch die raffinierten Überredungskünste der Gräfin, die mit dem Gegenbild genügsamer Kleinheit mehr noch als mit ihrer amoralischen Erfolgsideologie Wallenstein die Entscheidung zum Abfall abringt. |
| | | | | |

| | | | | |
|---|---|---|---|---|
| II | 1<br>2<br>3 | Wallenstein<br>Max<br>Octavio<br>Illo<br>Terzky | Ein Zimmer | Im Zentrum des ersten Teils des zweiten Aufzugs steht Wallenstein, dessen Handeln gegenüber Octavio sein Verfügen über andere erneut zeigt, während er gegenüber Max reflektierend bis in die Tiefen der tragischen Entscheidungssituation vorstößt. Zugleich formuliert er in gültiger Klarheit die Weltüberlegenheit des uneigennützigen Idealisten, durchschaut also die Fragwürdigkeit des von ihm halb gewählten, halb ihm aufgezwungenen Wegs. In der Darlegung des Lützener Erlebnisses, auf das sein Vertrauen zu Octavio gegründet ist, zeigt sich seine Utopie des Berechnens anderer Menschen, aber auch seine – von nun an wachsende – Schicksalsblindheit. |
| | 4<br>5<br>6<br>7 | Octavio<br>Max<br>Buttler<br>Isolani | Zimmer in (Octavio) Piccolominis Wohnung | In rascher Steigerung zeigt der Fortgang des zweiten Aufzugs Octavios Gegenspiel, wobei nach dem Prinzip der Steigerung Isolani, Buttler und Max nacheinander aus der Anhängerschaft in die Gegnerschaft zu Wallenstein übergeführt werden sollen. Dies gelingt bei dem gewissenlosen Glücksritter Isolani leicht, bei Buttler mit Hilfe einer Intrige, die ihn vom Opfer einer Manipulation Wallensteins zu dem einer gegenläufigen Manipulation macht, ihn also wieder als Spielfigur mißbraucht.<br>Eine weitere virtuose Spiegelung des Spieler-Motivs liegt darin, daß sich Max, der sich bereits aus Wallensteins Spiel befreit hat, nun auch den Zwecken Octavios verweigert. |

| | | | | |
|---|---|---|---|---|
| III | 1<br>2<br>3<br>4<br>5<br>6<br>7<br>8<br>9<br>10<br>11<br>12 | Wallenstein<br>Thekla<br>Gräfin<br>Herzogin | Saal bei<br>der Herzogin<br>von Friedland | Der erste Teil des dritten Aufzugs entwickelt das Bild des Zuschauers von Wallenstein in zwiespältiger Weise weiter, während Unglücksbotschaften in rascher Folge die Situation immer weiter zuspitzen. Als Entlastung muß die Erzählung der Herzogin verstanden werden, erst seit der Absetzung durch den Kaiser seien Argwohn und Mißtrauen über Wallenstein gekommen; andererseits liegt eine Verschärfung der kritischen Akzente darin, daß Wallenstein in einem neuen, hochfahrenden Ton den Gedanken einer Verbindung zwischen Max und Thekla abweist. Eine erneute Motivspiegelung: über den nun feststehenden Verrat Octavios klagt Wallenstein ausgerechnet bei Buttler, seinem Todfeind. |
| | 13<br>14<br>15<br>16<br>17<br>18<br>19<br>20<br>21<br>22<br>23 | Wallenstein<br>Max<br>Gräfin<br>Buttler | Ein großer Saal<br>beim Herzog<br>von Friedland | Im zweiten Teil des dritten Aufzugs signalisiert Wallensteins Auftreten im Harnisch seine Kampfbereitschaft, die an die Stelle des Zögerns getreten ist. Sie zeigt sich bei seiner raffinierten Verhandlung mit den Pappenheimern, die nur durch Buttlers Intervention fehlschlägt. In äußerst zugespitzter Situation schlägt auch der letzte Versuch, Max zurückzugewinnen, fehl. Für Max, der von Thekla auf sein eigenes Gefühl verwiesen wird, bleibt nur noch der Verzweiflungstod als Ausweg. |
| | | | | |

| | | | | |
|---|---|---|---|---|
| | | | | |
| IV | 1 2 3 4 5 6 7 8 | Buttler Gordon Wallenstein | In des Bürgermeisters Hause zu Eger | Der Schauplatzwechsel vom Lager bei Pilsen nach Eger zeigt, daß die Entscheidung unwiderruflich gefallen ist. Nun tritt Buttler als Motor des Gegenspiels machtvoll hervor; er gibt Rechenschaft für seinen Drang nach Rache durch die Darlegung seines düsteren Bilds vom „Rechenkünstler“ Wallenstein. Neben ihm hat die neu hinzukommende Figur Gordons die Funktion, die beherrschende Figur des Feldherrn durch den Kontrast mit der eigenen unbedeutenden Kleinheit hervortreten zu lassen. |
| | 9 10 11 12 13 14 | Thekla | Ein Zimmer bei der Herzogin | Vorspiel zu Wallensteins Tod – und wie dieser nicht direkt auf der Bühne gezeigt – ist Max' Untergang, durch den Botenbericht des schwedischen Hauptmanns vergegenwärtigt, von Thekla als Symbol für „das Los des Schönen auf der Erde“ gedeutet. Danach ist Thekla reif für den Austritt aus der unheilvollen Welt der Geschichte, der als freiwilliger Abgang mit Wallensteins bevorstehendem Untergang kontrastiert. |
| | | | | |

| | | | | |
|---|---|---|---|---|
| V | 1<br>2 | Buttler | Buttlers Zimmer | Der erste Teil des letzten Aufzugs zeigt die unmittelbaren Mordvorbereitungen, von Buttler mit dämonischer Konsequenz ins Werk gesetzt. Bewußt blaß und niedrig sind die Mörder selbst gezeichnet: Der Feldherr, der die Utopie der autonomen Persönlichkeit verfolgt hat, erliegt anonymen Handlangern. |
| | 3<br>4<br>5<br>6<br>7<br>8<br>9<br>10<br>11<br>12 | Wallenstein<br>Gordon<br>Buttler<br>Gräfin<br>Octavio | Ein Saal, aus dem man in eine Galerie gelangt, die sich weit nach hinten verliert | Vor Wallensteins Tod werden die auseinandertretenden Charakterisierungslinien zu Ende geführt: Wallensteins Hybris und Blindheit gegenüber dem nahenden Verhängnis zeigt sich in seiner Überhebung gegenüber dem Jugendgefährten Gordon, seine menschliche Bewegung und Zugehörigkeit zur Welt des „Schönen“ in dem erschütterten Nachruf auf Max. Die düsteren Traumberichte und Ahnungen der Gräfin nehmen atmosphärisch die Katastrophe vorweg, lassen dann nach Wallensteins Tod ihren Selbstmord als unausweichliche Folge erscheinen. Für eine letzte Retardation vor dem Ende sorgt Gordons verzweifelter Appell zur Rückkehr. Von einzigartigem dramatischem Effekt ist Octavios Erhebung in den Fürstenstand als Abschluß – eine tragisch-ironische Wendung, weil diese Belohnung sinnlos ist, weil Octavio damit aber auch wie ein eigennütziger Intrigant erscheint, der er bei aller Fragwürdigkeit seines Vorgehens nie war. |

# Thematische Aspekte

„Wallenstein“ ist neben Goethes „Faust“ das zweite wahrhaft weltumspannende dramatische Werk der deutschen Klassik, entzieht sich daher auch in seiner Vielfalt und Komplexität einer umfassenden Gehaltsdeutung in dem hier gegebenen Rahmen.
Eine summarische Übersicht, raffend bis hin zur tabellarischen Aufgliederung, muß daher als Hilfe für das Verständnis bei der Lektüre genügen. Sie soll die zentralen Themen und Motive in ihrer Zuordnung skizzieren und auf die jeweils wesentlichen Textstellen verweisen. Die eigentliche Interpretation bleibt dem Unterricht vorbehalten.
Bei den folgenden Ausführungen wurde versucht, eine Progression der thematischen Aspekte herzustellen, die dem beim Lesen des Textes sich allmählich erweiternden und vertiefenden Verstehen des Lesers folgt. Drei Schichten, aufeinander aufbauend und mit zunehmendem Schwierigkeits- und Abstraktionsgrad, lassen sich unterscheiden; auf drei Ebenen, die Schiller seinem Text eingezogen hat, muß der Text gelesen und verstanden werden.
Auf der ersten und nächstliegenden Verständnis- und Interpretationsebene ist das Drama die Gestaltung und Umsetzung eines geschichtlichen Stoffes; doch führt die Gestaltung des historischen Stoffes rasch zu einer zweiten Ebene, zur Auseinandersetzung mit über das Historische hinaus gültigen Ideen und Problemen und endet auf einer dritten Ebene in der Reflexion über die philosophische Fragestellung der Fähigkeit des Menschen zur Freiheit.

## Gestaltung des konkreten historischen Stoffs

Zehn Jahre vor Beginn der Arbeit am „Wallenstein" schreibt Schiller:

> „Ich habe diese Woche eine Geschichte des dreißigjährigen Kriegs gelesen, und mein Kopf ist mir noch ganz warm davon. Daß doch die Epoche des höchsten Nationen-Elends auch zugleich die glänzendste Epoche menschlicher Kraft ist! Wie viele große Männer giengen aus dieser Nacht hervor! Ich wollte daß ich zehen Jahre hintereinander nichts als Geschichte studiert hätte" (Brief an Körner, 15. 4. 1786).

**Schillers Interesse am Dreißigjährigen Krieg**

Die Äußerung belegt Schillers tiefe Anteilnahme an der Epoche, zu der „Wallenstein" spielt, wie auch seine eigene „Geschichte des Dreyßigjährigen Kriegs" (Erstdruck im ‚Historischen Kalender für Damen', Leipzig 1791–1793) die intensive Durchdringung des Stoffkomplexes mit den damaligen wissenschaftlichen Mitteln bezeugt.
Die Wallenstein-Trilogie ist also auf der Basis genauer Kenntnis der historischen Hintergründe und Bedingungen entstanden und stellt keineswegs ein ‚allgemeinmenschliches' Drama in historischer Einkleidung dar. Das Historische erscheint nicht als unverbindliches bloßes Kolorit, sondern ist als tragende Schicht des Geschehens durchgehend faßbar. Dabei besteht Schillers überragende Leistung darin, daß den aufgezeigten geschichtlichen Umständen als *politisch-sozialen Umständen* zugleich eine funktionale Rolle für die zentralen Konflikt der Dramenhandlung zugewiesen wird.
Während die Dichte der Verweise auf politisch-soziale Umstände in „Wallensteins Lager" immer gesehen und durchweg mit den besonderen Anforderungen an eine dramatische Exposition erklärt worden ist, hat man die politischen Motive Wallensteins (etwa seine ‚deutsche' Absage an die Schweden in ‚Piccolomini' II,5 oder seine Klage über den Krieg in ‚Tod' III,15) jedenfalls in der westlichen Forschung kaum ernstgenommen und als eher tak-

| | Beispiele für das Hervortreten politisch-sozialer Thematik: |
|---|---|
| **Wallensteins Lager** | – Leiden der Bauern unter dem Krieg (1/10/11)<br>– Spezifische Vollmachten von Wallensteins Kommando (2/7/11)<br>– Gegensatz Bürger/Soldat (5/6/7/11)<br>– Religiöser Rigorismus der Schweden (6/8)<br>– Religiöse Indifferenz Wallensteins (6/8)<br>– Gefährdete Rolle der Frauen im Soldatenlager (5)<br>– Aufstieg für gemeine Soldaten (7)<br>– Kluft zwischen Soldaten und höfischer Welt (2/7/11)<br>– Konflikte zwischen verschiedenen Nationalitäten (3/11)<br>– Problematik von Söldnerheeren (1/5/6/7) |
| **Die Piccolomini** | – Kluft zwischen Soldaten und höfischer Welt (I,2/I,4/II,7)<br>– Wille zum Frieden (I,4/III,4)<br>– Dienende Rolle der Frau (III,8)<br>– Persönlichkeit gegen Geburtsrang (IV,4) |
| **Wallensteins Tod** | – Wille zum Frieden (III,15)<br>– Persönlichkeit gegen Geburtsrang (I,4/III,4/IV,8)<br>– Leidende Rolle der Frau (III,3) |

**„Wallenstein" im Lehrplan der DDR**

tische Vorwände aus dem jeweiligen dramatischen Kontext erklärt. In Anlehnung an einige Studien marxistischer Literaturwissenschaftler stellen dagegen die Oberstufen-Lehrpläne der DDR die politisch-sozialen Konflikte ganz in den Vordergrund der – dort bis ins einzelne reglementierten – Unterrichtsarbeit. Ausgehend von „Schillers Absicht, an einem bedeutenden geschichtlichen Stoff die aktuelle nationale Problematik seiner Zeit zu gestalten“, soll die „realistische Gestaltung der politischen und sozialen Situation zur Zeit des Dreißigjährigen Kriegs“ enthüllt werden. Aus Wallensteins „Gebundenheit an die bestehende Feudalordnung“ ergeben sich der „den historischen Gesetzmäßigkeiten widersprechende Versuch Wallensteins, progressive nationale und soziale Ziele mit einem Söldnerheer zu verwirklichen, und der Mißbrauch seiner Macht für ehrgeizige, persönliche Pläne als Hauptursachen seines tragischen Untergangs“. Entsprechend wird Max Piccolomini als „Repräsentant eines bürgerlich-progressiven Patriotismus und als Verkörperung des klassischen bürgerlichen Humanitätsideals" gesehen (alle Zitate: Lehrplan Deutsche Sprache und Literatur. Abiturstufe. Volk und Wissen / Volkseigener Verlag Berlin [Ost] 1985, S. 79f.).

Solchen Akzentsetzungen liegt ein durchdachtes Gegenkonzept zu der als bürgerlich-apolitisch verstandenen westlichen Wallenstein-Interpretation zugrunde, doch bleibt die weitgehende Beschränkung auf politisch-gesellschaftliche Aspekte problematisch. Schiller selbst hat in seinen Briefen während der Entstehung des „Wallenstein" mehrfach die Verlagerung seines Interesses vom Stoff auf die künstlerische Überhöhung betont. So schreibt er an Goethe:

> „Beynahe möchte ich sagen, das *Sujet* interessiert mich gar nicht, und ich habe nie eine solche Kälte für meinen Gegenstand mit einer solchen Wärme für die Arbeit in mir vereinigt" (Brief vom 28. 11. 1796).

## Überhöhende Deutung der Geschichte

Zu den Grundüberzeugungen der Klassik gehört, daß der historisch konkrete Einzelfall im Kunstwerk auf seine Allgemeingültigkeit hin durchsichtig gemacht, das Einzelne zum Symbol des Immerwährenden erhöht, der Stoff der Idee unterworfen werden muß.

**Überhöhung des historischen Stoffs**

Dieser Vorgang findet im „Wallenstein" durch *Überhöhen* der Stufe des Stofflich-Konkreten statt. Die Darstellung eines bedeutsamen geschichtlichen Vorgangs wird damit zur grundsätzlichen Deutung der Kräfte, die den geschichtlichen Prozeß bestimmen, und der Rolle, die darin handelnden Personen zufällt.

Eine solche grundsätzliche Ausweitung der einmaligen historischen Situation nimmt Wallenstein selbst vor, wenn er, in ‚Tod' I,4 erstmals allein auf der Bühne, seine bevorstehende Entscheidung als eine Wahl zwischen den „zwei Lebenspfaden" der

**Legitimität und Autonomie**

*Legitimität* und der *Autonomie* bestimmt. Es werden damit zwei Leitbilder beschworen, deren Konflikt im letzten Jahrzehnt des 18. Jahrhunderts von höchster aktueller Bedeutung war. Die Französische Revolution von 1789, dann die Hinrichtung des französischen Königspaars 1793 und die Koalitionskriege gegen Frankreich (1792–97; 1799–1802), in denen mehr und mehr der geniale Emporkömmling Napoleon Bonaparte zum Gegenspieler der europäischen Traditionsmächte wird, sind das für uns historische, für Schiller und sein Publikum äußerst gegenwärtige Bezugsfelder des Kampfs, den Wallenstein hier in sich austrägt. Legitimität: das Gegründetsein aller politischen Macht auf traditionell verfestigten, in letzter Konsequenz ‚heiligen' Rechtsansprüchen, die in der erblichen Monarchie („Gottesgnadentum") ihren höchsten Ausdruck finden. Autonomie: das Recht des Individuums, besonders der starken Persönlichkeit, sich selbst nach den ihm innewohnenden Kräften zu entfalten; als politisch-philosophischer Anspruch ein Zuendedenken bürgerlich-aufklärerischer Wertvorstellungen. – Für Wallenstein zeigen sowohl die legitime Ordnung als auch die Empörung gegen diese Ordnung ein Doppelgesicht. Die legitime Ordnung ist einerseits die durch Alter und Tradition ehrwürdige Ordnung der Welt, andererseits aber auch das „ewig Gestrige", das nur „morgen gilt, weils heute hat gegolten". Entsprechend dieser zwiespältigen Bewertung ist die Empörung gegen diese Ordnung einerseits als „Gewalttat" und „Verbrechen", andererseits aber als befreiende Tat der Selbstverwirklichung zu werten. Wie bewußt in Wallensteins großem Monolog ein Ideenkonflikt zu seiner höchsten Ausprägung geführt ist, ergibt sich schon daraus, daß die gewichtigsten Repräsentanten der widerstreitenden Parteien in der Trilogie jeweils *eine* Seite dieser großen Antithese verkörpern: Octavio ist bedingungsloser Anhänger der *Tradition*, Gräfin Terzky vertritt den *Erfolg* als einziges Kriterium für geschichtliches Handeln. Daß Wallenstein gegenüber diesen ‚einlinigen' Figuren als einziger *alle* widerstreitenden Betrachtungsweisen vereinbart, entspricht seiner überragenden Stellung als Zentralfigur der Trilogie.

**Zwiespältigkeit im Monolog ‚Tod' I,4**

Für das geschichtliche Handeln, wie es die Vertreter der widerstreitenden Mächte vorantreiben, hat Schiller in der Trilogie ein dominantes Bild- und Begriffsfeld gewählt – das des *Spiels.* Es wird schon zu Beginn des „Lagers“ angeschlagen, wenn der Bauer mit seinen „glücklichen Würfeln“ auftritt; es zieht sich dann in frappierender Fülle und zahllosen Abwandlungen durch alle drei Teile des Werks, bis am Ende mit Buttler eines der Opfer seiner Spielzüge Wallenstein das Urteil spricht:

**Metaphorik des Spiels: Betrug Verrat Schein Zwecke Plane Rolle gewinnen einsetzen vertauschen rechnen würfeln**

> „Ein großer Rechenkünstler war der Fürst
> Von jeher, alles wußt er zu berechnen,
> Die Menschen wußt er, gleich des Brettspiels Steinen,
> Nach seinem Zweck zu setzen und zu schieben ...“
> (‚Tod‘ IV,8).

Untrennbar mit dem Wortfeld des Spiels ist das des *Betrugs* verbunden. Der geschichtliche Spieler manipuliert andere Menschen, er hat verdeckte „Zwecke“, hinterhältige „Plane“. Geschichtliches Handeln führt also in *Schuld,* und zwar ohne Rücksicht auf gute oder schlechte Absicht. Octavio Piccolomini, der sich als Sachwalter der ‚guten‘ Mächte versteht, handelt gleichwohl als Spieler mit nicht weniger verwerflichen Mitteln als die Gegenseite – und erklärt diesen bedenklichen Sachverhalt in ‚Piccolomini‘ IV,1 mit dem Anspruch prinzipieller Rechtfertigung seinem Sohn:

> „In steter Notwehr gegen arge List
> Bleibt auch das redliche Gemüt nicht wahr –“
> (2450 f.).

Eine Rechtfertigung, die zurückgewiesen wird:

> „Der Fürst, sagst du, entdeckte redlich dir sein Herz
> Zu einem bösen Zweck, und du willst ihn
> Zu einem guten Zweck betrogen haben!“

Damit fällt ein bezeichnendes Licht auf die unheilvolle Verschlungenheit, die das Verhältnis zwischen angestrebten Zwecken und eingesetzten Mitteln kennzeichnet. Der, der ‚böse‘ Pläne verfolgt, geht „redlich“ vor; sein Gegner glaubt um des ‚guten‘ Ziels willen auf verwerfliche Mittel nicht verzichten zu können, die er selbst mißbilligt. Indem Octavio dies als eine Art Grundgesetz der politischen Wirksamkeit formuliert (sein oben zitierter Satz ist als allgemeine Maxime gemeint!), akzeptiert er die *dialektische Beziehung zwischen guten/bösen Zwecken und bösen/guten Mitteln* als Prinzip des Spiels Geschichte, in dem Macht und Schuld untrennbar verkettet sind.

**Zweck-Mittel-Dialektik**

| | **„Spiel" (Beispiele für die Verwendung im Sinn von Betrug usw.):** |
|---|---|
| **Wallensteins Lager** | – Die „glücklichen Würfel" des Bauern (1/10)<br>– Das Leben als Einsatz (Soldatenlied – 11) |
| **Die Piccolomini** | – Wallensteins „Spiel" (871) mit seinen Beratern (II,5)<br>– Octavios Warnung an Max, daß man mit ihm „spielt" (2314) (V,1)<br>– Max' Weigerung, in Octavios „Spiel" (2602) eine „Rolle" (2601) zu übernehmen (V,1) |
| **Wallensteins Tod** | – Wallensteins „Spiel" mit dem Teufel (114 f.) (I,3)<br>– Wallensteins Zuweisung einer „Rolle" (676) in seinem „Spiel" (673) an Octavio (II,1)<br>– Octavios Entdeckung an Buttler, man habe mit ihm ein „schändlich Spiel" (1139) getrieben (II,6)<br>– Buttlers Kennzeichnung Wallensteins als „Rechenkünstler" (2853) (IV,8) |

## Geschichte und Freiheit

Die Wallenstein-Trilogie begnügt sich jedoch nicht damit, das Kräftespiel der Geschichte darzustellen, sondern sie erreicht ihre höchste, eigentlich philosophische Ebene darin, daß sie den Zusammenhang von Geschichte und Freiheit reflektiert. Zwei prinzipielle Formen der Freiheit, die eine mit der Person Wallensteins, die andere mit der Person Max' verbunden, werden im Drama einander gegenübergestellt.

Von Freiheit wird zwar bereits im „Lager" von mehreren Figuren nacheinander gesprochen, bis der Begriff – bis dahin meist oberflächlich als die Ungebundenheit des Soldaten verstanden – in die rauschhafte Emphase des Soldatenlieds eingeht, doch bleibt diese Freiheitskonzeption eine rein äußerliche.

**Freiheit als Abwerfen von Bindungen**

Immer ist dabei Freiheit *negativ bestimmt* als ein Freisein *von* etwas – von „Fron", „Galeere" und „Schreibstub" (‚Lager' 6, 239f.), von Gewerbe und familiärer Bindung (‚Lager' 11, 946ff.), von Seßhaftigkeit schlechthin (‚Lager' 11, Reiterlied). Zugleich erkennen die Soldaten in aller Selbstverständlichkeit, daß diese Freiheit einen Preis kostet:

> „Der dem Tod ins Angesicht schauen kann,
> Der Soldat allein ist der freie Mann"
> (‚Lager' 11, 1064f.).

Wählen, wagen und das Risiko auf sich nehmen – das ist der Preis, den die freie Soldatenexistenz verlangt.

Ein ganz anderer, viel grundsätzlicher Freiheitsbegriff liegt den Bestrebungen Wallensteins zugrunde, die er – wiederum im schon erwähnten Monolog ‚Tod' I,4 – rückblickend umreißt:

> „In dem Gedanken bloß gefiel ich mir;
> Die Freiheit reizte mich und das Vermögen ..."
> (148f.).

**Freiheit als uneingeschränktes Handelnkönnen**

Hier handelt es sich um Freiheit, gedacht als *Verfügung über alle Möglichkeiten des Handelns,* als *uneingeschränktes Handelnkönnen.* Das jedoch bedeutet eine Selbstüberhebung des Menschen, zu dessen endlicher Existenzform es gehört, das eine zu tun und das andere zu lassen, aus der Vielzahl der Handlungsmöglichkeiten die eine zu wählen und die anderen zu verwerfen. Es bedeutet vor allem den Versuch, sich dem Risiko zu entziehen, das jede solche Entscheidung bedeutet. Wallenstein verstößt damit (und zwar sehr bewußt) gegen das Gesetz irdischen Handelns, das die Soldaten (in aller Naivität) akzeptiert haben. Seine damit aufgestellte *Utopie der absoluten Freiheit in der Geschichte* muß scheitern, da sie menschliches Maß übersteigt. Sie aktualisiert sich im Drama selbst als grenzenlo-

**Utopie der absoluten Freiheit in der Geschichte**

| | Beispiele für die Verwendung des Begriffs „Freiheit"/„frei": |
|---|---|
| **Prolog** | – Die Muse als „des Tanzes freie Göttin und Gesangs" |
| **Wallensteins Lager** | – Freiheit als flottes Leben (1. Jäger/6)<br>– Freiheit als „Wandern und streifen" (Rekrut/7)<br>– Freiheit jenseits bürgerlicher Normen (1. Kürassier/11)<br>– „Freiheit ist bei der Macht allein" (2. Jäger/11)<br>– „Aus der Welt die Freiheit verschwunden ist" (Soldatenlied/11) |
| **Die Piccolomini** | – Max' Vorstellung einer friedlichen, freien Existenz Wallensteins (III,4) |
| **Wallensteins Tod** | – Wallensteins Monolog – „Die Freiheit reizte mich" (I,4)<br>– Wallensteins Anspruch, „frei in der Welt" zu stehen (III,18)<br>– Buttler: „Es denkt der Mensch die freie Tat zu tun..." (IV,8) |

ses Verfügen über andere, Mißbrauchen anderer als Spielfiguren. Sie scheitert notwendig daran, daß die anderen – Octavio, Buttler, Max sind nur die wichtigsten – sich dem Spiel entziehen, sobald sie es durchschaut haben. Damit ist Wallensteins Versuch, Freiheit *in* der Geschichte zu erlangen, widerlegt, und sein Versuch, über alle zu verfügen, schlägt dialektisch um in das Bekämpftwerden durch alle. Mehrere Handlungswendungen gewinnen von hier aus symbolisches Gewicht – etwa daß die eigentlich verderbliche Feindschaft in der entscheidenden Phase nicht von dem politischen Gegenspieler Octavio, sondern von dem persönlich verletzten Buttler ausgeht; auch daß Wallenstein am Ende nicht einem großen Gegner, sondern beliebigen Handlangern zum Opfer fällt.

**Todgeweihtheit der Freiheit von der Geschichte**

Als Alternative bleibt noch der Versuch, Freiheit *von* der Geschichte zu gewinnen. Diese Freiheit sieht gleichfalls Wallenstein selbst, wenn er (in ‚Tod' II,2, 793–809) das Doppelbild von den „falschen Mächten" der Erde und dem „reinen Element" der Ideale entwirft – um sich anschließend der schuldbeladenen Erde zugehörig zu erklären.

Die wahren Vertreter der idealen Sphäre des „Schönen“ sind die Liebenden Max und Thekla. Eben als Träger dieser Bedeutung haben sie keinen Platz in der Geschichte, d. h. sie sind zum Untergang verurteilt. Diese absolute Gegenposition zur geschichtlichen Welt der „Zwecke“ erfährt Max als katastrophales Erwachen aus seiner bisherigen Illusion der Vereinbarkeit beider Welten, während Thekla die Todgeweihtheit ihres Liebesbunds schon früh ahnt, in ihrer entschlossenen Distanzierung von der kriegerischen Welt des Vaters bewußt auf sich nimmt und in ihrer Deutung von Max' Tod als „Los des Schönen auf der Erde“ bekräftigt.

**Herz als zentrale Instanz der Liebe**

Neben der reinen, nicht von „Zwecken“ beschmutzten Liebe gibt es jedoch noch einen Ort des Schönen, die *Kunst*. An entscheidenden Stellen ihres Auftretens wird Thekla mit Künsten in Verbindung gebracht, so in ‚Piccolomini‘ III,6/7, als sie zur Gitarre singt, und in ‚Tod‘ III,4, als sie Wallenstein – tief symbolisch – eine „Probe (ihrer) Kunst“ des Zitherspiels verweigert. Darüber hinaus deutet schon der Prolog in seinen letzten Versen die zweckfreien Spiele der Kunst als eigentliche Gegenmacht zur düsteren Welt der Geschichte:

**Attribute der Kunst:**
**schön**
**heiter**
**aufrichtig**

„Ernst ist das Leben, heiter ist die Kunst.“

# Die Hauptfiguren und ihre Konstellation

**Figurenkonstellation**

Zentrum der gesamten Trilogie, der Punkt, von dem alles ausgeht und auf den alles hinzielt, ist die beherrschende Gestalt Wallensteins. Neben ihm treten alle anderen Figuren zurück; dennoch kommt einigen von ihnen prinzipielle Bedeutung zu: Octavio und Max Piccolomini, der Gräfin Terzky und Buttler. Am Rand des dramatischen Geschehens bleibt als gleichwohl bedeutungsvolle Gestalt Thekla. Von den restlichen Figuren sind die Herzogin, Gordon und Illo, als Beispiel der lebensvoll gezeichneten Figuren des „Lagers" auch der Wachtmeister in aller Kürze zu charakterisieren.

## Wallenstein

**Wallenstein als rätselhafte Figur**

Eine absolut originelle dramatische Lösung und zugleich ein vorzügliches Mittel zum Erzeugen von Spannung beim Zuschauer ist die *Sphäre des Geheimnisvollen und Verrätselten,* mit der Schiller seinen tragischen Helden Wallenstein umgibt. Schiller erreicht dies durch verschiedene Verfahren:

- Wallensteins überraschend *spätes Auftreten* (‚Piccolomini II,2),
- Wallensteins *Verharren in äußerster Distanz* auch bei diesem ersten Auftritt (er erkundet von der Herzogin nur die Einzelheiten der Aufnahme beim Hof),
- *Schuldigbleiben von Antworten* auf bedeutungsvolle Fragen (‚Piccolomini' II,2 etwa schließt mit der angstvollen Frage der Herzogin „Was sind wir, wenn kaiserliche Huld sich von uns wendet!" ohne weitere Äußerung Wallensteins),
- Äußerungen Wallensteins, die dem Zuschauer als

*Vorwände* erkennbar sind (‚Piccolomini' II,7 endet mit Wallensteins Hinweis auf Illo: „Hier der Feldmarschall weiß um meinen Willen" – dabei hat Wallenstein gerade in der vorhergehenden Szene Illo dies ausdrücklich abgesprochen!),
- Wallensteins durchgehende *Grundgebärde des Verbergens* (beispielhaft in ‚Tod' I,1, laut Regiebemerkung „zieht Wallenstein den Vorhang vor die Bilder", als seine Berater zu ihm ins astrologische Zimmer treten).

**Charakterisierung durch Spiegelungen**

Wenn sich trotz des späten Auftretens schon von Anfang an alles Interesse auf den abwesenden Feldherrn sammelt, so deshalb, weil sein Bild dem Zuschauer in einer Vielzahl von Spiegelungen vor Augen geführt wird, indem seine Person das offene oder geheime Thema aller Gespräche und Mutmaßungen der Soldaten im „Lager", aber auch der später auftretenden Offiziere und Figuren seiner Umgebung ist.

**Faszinationskraft und Berechnung Wallensteins**

Deutlich wird dabei die Faszinationskraft von Wallensteins Persönlichkeit. Sie tritt dem Zuschauer entgegen in der mythenbildenden Phantasie der Soldaten, die an Wallenstein die jeweils ihnen gemäße Seite erfassen und sich so mit ihm identifizieren. Daß diese Faszinationskraft nicht nur auf einer besonderen charismatischen Gabe, sondern auch auf Berechnung und taktischem Geschick beruht, zeigt das Verhalten des Feldherrn bei der kritischen Verhandlung mit den Pappenheimer Kürassieren (‚Tod' III,15). Über die persönliche Ansprache der ihm durch sein ungewöhnliches Gedächtnis bekannten einzelnen Pappenheimer, die Beschwörung der gemeinsamen Schlachtenerlebnisse, schließlich die taktisch beschönigende Darstellung der Situation gelingt es ihm mit großer Raffinesse, die Schwankenden wieder an sich zu binden; erst Buttlers Intervention durchkreuzt seine Absicht.
Eine bedeutsame Quelle von Wallensteins Anziehungskraft ist, daß jeder Urteilende ein Stück von sich selbst in Wallenstein sieht. Dem Aberglauben des Wachtmeisters oder des 2. Jägers entspricht – auf höherer Stufe – Wallensteins Glaube an die Astrologie; dem Porträt des 1. Jägers vom Welt-

brandstifter gibt Wallensteins Utopie einer Überwindung der Geschichte überraschend recht; Buttlers Kult der eigenmächtigen Persönlichkeit jenseits der Geburtsschranken trifft einen wichtigen Aspekt von Wallensteins Aufstieg; die Botschaft der Gräfin Terzky von der Rechtfertigung jeder Tat durch den Erfolg steckt hinter dem negativen Bild der Tradition in Wallensteins Monolog (,Tod' I,4), wie Octavios Traditionalismus hinter dem positiven Gegenbild von der geheiligten Tradition in demselben Monolog sichtbar wird; schließlich spricht Wallenstein selbst seinen grundsätzlichen Zugang zu Max' und Theklas idealer Welt des Schönen mehrfach (u. a. ,Tod' II,2 und V,3) bewegend aus. Für die Konzeption der Figur heißt das: Während alle anderen Vertreter des reichen Personals der Trilogie *bestimmte Positionen* vertreten und in diesem Sinn bestimmte Segmente Wallensteins verkörpern, sind in der Figur Wallensteins *alle denkbaren Positionen* zusammengefaßt. Daher seine Scheu vor jeder Festlegung, seine verblüffende Widersprüchlichkeit, sein umfassendes Bewußtsein, das ihn als unfaßbar-universalen Geist über die übrigen, allesamt ,einlinigen' Figuren hinaushebt.

**Widersprüchlichkeit und umfassendes Bewußtsein**

Hier, in der umfassenden Reflexionshöhe, liegt auch die eigentliche *tragische Würde* Wallensteins. Sein Unternehmen, ohne eigentliches Handeln, nur durch Besetzen aller Handlungsmöglichkeiten geschichtlich wirksam zu werden, verstößt gegen menschliches Maß – was ihm sehr wohl bewußt ist. Dies erhebt ihn über die Berater, die einfach den praktischen „Nutzen" erkennen und ohne moralische Bedenken handeln. Dagegen liegt in Wallensteins „Zweifel", seinem „Zögern", sowohl seine tragische Würde als auch sein Scheitern begründet.

**Zweifel und Zögern als Ursachen des Scheiterns**

Die Trilogie führt dem Zuschauer mit aller Deutlichkeit *Wallensteins Schuld* vor Augen, entwickelt die Figur jedoch so, daß sich gegen Ende auch die entlastenden Momente verstärken und so das düstere Bild ausbalancieren. Schuld liegt ganz allgemein darin, daß Wallensteins Offenhalten aller Möglichkeiten sich im Spannungsfeld des geschichtlichen Vorgangs nur als Manipulieren der Menschen um

**Wallensteins Schuld: Menschen als Objekte**

ihn her, als Erniedrigung der Menschen zum Objekt zeigen kann. Bezeichnend dafür sind:

- die Intrige, mit der Buttler zum Feind des Kaisers gemacht werden soll (vgl. Octavios „Umkehrung" der Intrige in ,Tod' II,6),
- Max' kaltherzige Zurückweisung als Schwiegersohn (,Tod' III,4) seine Inanspruchnahme als stellvertretendes Opfer noch im Tod (,Tod' V,4),
- der Anspruch, über Thekla zu verfügen als „langgespartes Kleinod" und „höchste, letzte Münze meines Schatzes" (,Tod' III,4).

**Blindheit und tragische Ironie**

Mit dem Fortgang der Handlung scheitern all diese Verfügungsansprüche daran, daß sich die übrigen Figuren der Berechnung und Manipulation entziehen, während sich bei Wallenstein ein Zug zunehmender Schicksalsblindheit bemerkbar macht, der ihn in tragischer Ironie die Zeichen des nahenden Untergangs verkennen läßt:

- Octavios Gegenspiel ist darum so wirksam, weil Wallenstein allzulange an seine Ergebenheit glaubt, und zwar entgegen den ausdrücklichen Warnungen der Berater (,Tod' II,3),
- Buttlers wohlberechneter Auftritt, der die Pappenheimer endgültig zu Feinden macht, wird von Wallenstein als der „Freunde Eifer", nicht als der „Haß der Feinde" bezeichnet, womit die Situation tragisch-ironisch verkannt ist (,Tod' III,16),
- Gordon gegenüber, der vom Mordplan schon weiß, rühmt sich Wallenstein als Träger von „Hoffnung" und „Glück" (,Tod' V,4).

**Entlastende Momente**

Entlastende Momente sind:

- Wallensteins Erkenntnis der Schuldhaftigkeit seines Handelns, die mit der Bedenkenlosigkeit seiner Berater kontrastiert und ihn, nachdem er zur Erfüllung seiner Gedankenspiele gezwungen ist, mit Recht sagen läßt: „Recht stets behält das Schicksal, denn das Herz / In uns ist sein gebietrischer Vollzieher" (,Tod' II,1).
- Wallensteins tiefergriffener Nachruf auf Max, der ihm geradezu als besseres Selbst erscheint (,Tod' V,3),
- Gordons Erzählung von Wallensteins Jugend, in

der das Streben nach königlicher Würde durch die Schilderung früher genialer Anlagen, aber auch generell durch den Kontrast zu dem kleinmütigen Gordon verständlich gemacht wird (‚Tod' IV,2),
- der Rückblick der Herzogin auf die Zeit vor Wallensteins Absetzung in Regensburg, seit der erst „ein unsteter, ungeselliger Geist / Argwöhnisch, finster" über ihn gekommen sei (‚Tod' III,3); damit wird dem Kaiser und der Ränkewelt des Hofs ein Teil der Verantwortung für die bevorstehende Katastrophe zugeschrieben.

## Gräfin Terzky

**Prinzipielles Gewicht der Figur**

Gegenüber den von Beginn (der ‚Piccolomini') an auftretenden Beratern Wallensteins (Illo – Terzky) tritt die Gräfin Terzky erst später hervor, nämlich im Zusammenhang mit dem Versuch, Max' Liebe zu Thekla für Wallensteins „Zwecke" nutzbar zu machen. Während jedoch die Rolle der übrigen Berater ganz auf taktische Winkelzüge beschränkt bleibt, überragt sie die Gräfin bei weitem an prinzipiellem Gewicht. Ihr fällt es zu, Wallensteins letzte Zweifel nach der Unterredung mit Wrangel zu zerstreuen.

**Psychologisches Raffinement**

Die Gräfin entledigt sich dieses Parts mit höchstem psychologischem Raffinement, indem sie dem großen Geschichtsgestalter das Gegenbild einer äußerlich unangetasteten, aber bedeutungslosen Existenz als „ein großer König ... im Kleinen" (‚Tod' I,7) entwirft und damit seine letzten Bedenken zerstreut.

**Rechtfertigung der Gewalttat durch den Erfolg in ‚Wallensteins Tod' I, 7**

Von noch höherer Bedeutung ist jedoch die amoralische Rechtfertigung für den Verrat am Kaiser und – allgemeiner – das illegitime Ansichreißen der Herrschaft durch die starke Hand eines Usurpators. Höchste Kunst Schillers liegt darin, wie die Gräfin mit ihrer Theorie der Gewalttat zugleich das Scheitern Wallensteins vorweg ausspricht:

„Entworfen bloß, ists ein gemeiner Frevel,
Vollführt, ists ein unsterblich Unternehmen;
Und wenn es glückt, so ist es auch verziehn,
Denn aller Ausgang ist ein Gottes Urtel.
(...)
Denn Recht hat jeder eigene Charakter,
Der übereinstimmt mit sich selbst, es gibt
Kein andres Unrecht, als den Widerspruch."

Damit ist durch die Worte (und gegen die Absicht!) der Gräfin der Stab über Wallensteins Unternehmung gebrochen, die ja gerade nicht gelingen wird – und deshalb nicht gelingen wird, weil Wallenstein ein Opfer des Widerspruchs ist, weil er allzulange zögert.

Die amoralische Erfolgsideologie der Gräfin wird von Wallenstein nicht nur vor ihrer Formulierung im negativen Traditionsbild des Monologs ‚Tod' I,4 (206–218) der Sache nach vorweggenommen, sondern sie findet sich als Bewertungsprinzip noch in dem Vergleich der eigenen Unternehmung mit dem Marsch Cäsars gegen Rom, den Wallenstein am Ende von ‚Tod' II,2 gebraucht.

**Dämonisches Machtstreben**

Damit entspricht diese Ideologie *einer* Komponente von Wallensteins Denken; die Gräfin als Figur ohne Widerspruch jedoch geht darin auf und erscheint so als *allein vom Machtstreben beherrscht.* Dementsprechend teilt sie nicht die zwiespältige Haltung Wallensteins gegenüber der schwärmerisch-idealen Gegenwelt eines Max Piccolomini, sondern hat für diese nur herablassende Ironie (etwa in ‚Piccolomini' III,3, 1447 ff.) übrig.

Dennoch hat Schiller auch dieser Figur wie Wallenstein eine gewisse Entwicklung im Verlauf der Handlung gegeben. Bevor Gräfin Terzky mit dem Scheitern und Untergang Wallensteins konsequent den Gifttod wählt, wird sie – dies im Kontrast zu dem zunehmender Blindheit verfallenden Wallenstein – zum Opfer düsterer Ahnungen und Träume, die sie (besonders im ‚Tod' V,3) aus der Sphäre leidenschaftlicher Machtbesessenheit wieder dem Umkreis des Menschlichen näherbringen.

**Entwicklung der Gräfin**

## Octavio Piccolomini

Prinzipielles Gewicht der Figur

Wie unter den Gefolgsleuten, die Wallenstein zum Abfall vom Kaiser treiben, Gräfin Terzky die wichtigste, d.h. die einzige Figur von prinzipiellem Rang ist, so gilt das unter Wallensteins Gegenspielern für Octavio Piccolomini. An seinen verdeckt, aber energisch vorangetriebenen Maßnahmen scheitert Wallensteins Unternehmen konkret, so wie es die Gräfin (in ‚Tod' I,7) konkret auslöst.

Entsprechungsfigur zur Gräfin Terzky

Diese „symmetrische Entsprechung" beider Figuren bestätigt sich auch unter anderen Gesichtspunkten. Wie die Gräfin erhält auch Octavio Piccolomini in der Trilogie Gelegenheit, die theoretische Rechtfertigung seines Handelns darzulegen; wie die Erfolgsideologie der Gräfin hinter Wallensteins abwertendem Traditionsbild im Monolog ‚Tod' I,4 steht, so entspricht das positive Gegenbild, das unmittelbar zuvor entworfen wird (‚Tod' I,4, 192–198), Octavios schon in ‚Piccolomini' I,4 (463ff.) geäußertem Lob der „alten, engen Ordnungen".

Zweck-Mittel-Problematik: Verhalten gegen

Fragwürdig ist die Art, wie Octavio sein Eintreten für die legitime kaiserliche Ordnung in konkretes politisch-dramatisches Handeln umsetzt. Als „Intrigant aus Pflichtgefühl" gebraucht er aus an sich ehrenhaften Beweggründen die verwerflichsten Mittel:

- Buttler

– Octavios Eröffnung an Buttler in ‚Tod' II,6, Wallenstein habe ihn hintergangen, um ihn gegen den Kaiser einzunehmen, geschieht ja in der Absicht, Buttler nun gegen Wallenstein einzunehmen, entwürdigt also das Gegenüber genauso zum Objekt taktischer Winkelzüge,

- Max

– Octavios Enthüllung an seinen Sohn Max in ‚Piccolomini' V,1, Wallensteins Abfall sei nun beschlossene Sache, wird genau in dem Moment ausgesprochen, als das ins taktische Kalkül paßt; Octavio ist also nur ‚taktisch aufrichtig' und mutet seinem Sohn in Wahrheit eine „Rolle" in seinem „Spiele" (2601f.) zu,

- Wallenstein

– Octavios insgeheime Wendung gegen Wallenstein zehrt von dessen Arglosigkeit, die durch das Lützener Ereignis (vgl. ,Piccolomini' I,3, 355 ff. und ,Tod' II,3, 897 ff.) begründet ist. Zwar glaubt Wallenstein Octavio eher durchschaut zu haben als daß er ihm vertraut, so daß Octavio objektiv kein Vertrauen mißbraucht; subjektiv tut er das jedoch wohl, was für die Bewertung seines Handelns entscheidend sein muß.

**Octavios theoretische Rechtfertigung**

Octavios theoretische Rechtfertigung seines Handelns antwortet auf die Vorwürfe seines Sohnes Max in ,Piccolomini' V,1 und läuft auf die Argumentation hinaus, die „böse Tat", die bekämpft werden müsse, sei im Grund auch verantwortlich für die Notwendigkeit, auch verwerfliche Mittel einzusetzen (2452 f.):

> „In steter Notwehr gegen arge List
> Bleibt auch das redliche Gemüt nicht wahr –
> Das eben ist der Fluch der bösen Tat,
> Daß sie, fortzeugend, immer Böses muß gebären."

In dieser Argumentation steckt die Umschreibung einer *tragischen Konstellation* – sie wird aber nicht ganz deutlich, weil die Bewußtseinshöhe der Figur Octavio dazu nicht ausreicht. Schon die Zuschreibung der ,Urschuld' an die *böse* Tat greift zu niedrig, weil damit die grundsätzliche Schuldhaftigkeit geschichtlichen Handelns unabhängig von ,Gut' und ,Böse' nicht gesehen wird; erst Wallenstein selbst wird als die bewußtseinshöhere Figur diese letzten Wahrheiten (in ,Tod' II,2, 788 ff.) aussprechen. Zudem bekennt sich Octavio dazu, diesen Zusammenhängen nicht bis ins letzte nachzugehen (2454 f.):

**Selbstbeschränkung Octavios**

> „Ich klügle nicht, ich tue meine Pflicht,
> Der Kaiser schreibt mir mein Betragen vor."

Das heißt, daß die letzte Verantwortlichkeit für sein Handeln nicht bei der mündigen Person liegt, sondern abgeschoben wird. Eine Beschränktheit oder doch Selbstbeschränkung der Figur wird hier sichtbar. Octavio ist – wie immer gesehen worden ist – nicht ,böse', aber klein; kein Täter, sondern nur ein Vollstrecker der Geschichte. Gleichwohl gehört auch er am Ende zu den Opfern, was Schiller schlaglichtartig durch den Schluß („Dem Fürsten Piccolomini") beleuchtet: Durch Max' Tod ist die Erhebung in den Fürstenstand sinnlos, und zudem behandelt der Hof Octavio wie einen Intriganten aus Eigennutz.

## Max Piccolomini

Nach einer Äußerung Schillers ist von allen Figuren der Trilogie Max Piccolomini die einzige, die von der „Kälte für meinen Gegenstand" ausgenommen und durch „eigene Zuneigung" (Brief an Goethe, 28. 11. 1796) hervorgehoben ist. Gleichwohl repräsentiert auch Max wie Octavio und die Gräfin eine Seite von Wallensteins umfassender Person, nämlich seine Teilhabe an der Welt des Idealen, die sich über der Welt des geschichtlichen Handelns erstreckt. Wallenstein selbst spricht diese grundsätzliche Teilhabe gerade Max gegenüber in dem Augenblick aus, als er selbst durch die Eigendynamik seiner halb und halb verfolgten Pläne, aber auch durch die Fallstricke Octavios von dieser Welt ausgeschlossen ist, nämlich in ‚Tod' II,2, 793 ff.:

**Max als Repräsentant des Ideals**

> „– Ja, wer durchs Leben gehet ohne Wunsch,
> Sich jeden Zweck versagen kann, der wohnt
> Im leichten Feuer mit dem Salamander,
> Und hält sich rein im reinen Element."

**Wallensteins Teilhabe an der Welt des Ideals**

Noch kurz vor seinem Ende deutet Wallenstein Max als sein besseres Selbst (‚Tod' V,3, 3443 ff.) und als stellvertretendes Opfer (‚Tod' V,4, 3589 ff.). Wie mächtig die von Max verkörperte reine Gegenwelt des Ideals auch gegenüber der Welt des „Nutzens" und der eigensüchtigen „Zwecke" in Wallenstein ist, zeigt sich allein schon in seinem beständigen Zweifeln und Zögern, das einerseits seinen Untergang herbeiführt, ihn andererseits jedoch weit über die bedenkenlosen und kaltherzigen Taktiker seiner Umgebung erhebt und erst zur tragischen Figur macht.

Max also als Repräsentant der Welt des Ideals, als Vertreter der Welt des „Schönen“, dessen Wollen die Welt der geschichtlich-kriegerischen Wirren übersteigt – und ihn zugleich in dieser Welt zum unbestechlichen Richter wie zum wirklichkeitsfernen Traumtänzer macht. Beides charakterisiert die Figur von Max durchgehend und bestimmt sein Eingreifen in die dramatischen Verwicklungen in den großen Auseinandersetzungen mit Octavio (‚Piccolomini‘ V,1/3) und Wallenstein (‚Tod‘ II,2), in denen er sich mit unverrückbarem ethischem Rigorismus von seinen beiden ‚Vätern‘ lossagt.

**Lossagung von beiden ‚Vätern‘: Vater-Sohn-Konflikt**

Dabei zeigt sich Max' Scharfblick überall da, wo die Konzessionen an die Welt der „Zwecke“ beim Gegenüber sichtbar werden und Max sich der ihm zugedachten Rolle verweigert, sobald er sie erkennt. Von dem noch durchaus doppelsinnigen Vorwurf „Ihr macht ihn zum Empörer“ (572) in ‚Piccolomini‘ II,5 über die Befürchtung „Doch wahres Unglück bringt der falsche Wahn“ (2363) in ‚Piccolomini‘ V,1 bis hin zu der immer gewisser werdenden Ahnung „Ihr werdet ihn durch eure Staatskunst noch / Zu einem Schritte treiben – Ja, ihr könntet ihn, / Weil ihr ihn schuldig *wollt,* noch schuldig *machen*“ (2633ff.) in ‚Piccolomini‘ V,3 läuft eine Argumentationskette, die etwas Wahres in den Blick nimmt – gerade das Gegenspiel Octavios, das Wallensteins Treulosigkeit als gegeben nimmt, trägt objektiv dazu bei, diese Treulosigkeit schließlich real herbeizuführen.

**Einerseits: Durchschauen der Wirklichkeit**

Erstaunlich wirklichkeitsblind ist Max andererseits, solange er nicht aus seiner Illusion vom harmonischen Ausgleich zwischen der eigenwilligen Persönlichkeit Wallensteins und den engen Ordnungen des Kaiserhofs gerissen ist. Die sich anspinnende Intrige der Gräfin, auf die ihn Thekla in ‚Piccolomini‘ III,5 aufmerksam macht, überrascht ihn dermaßen, daß er auf ihr „Trau niemand hier als mir. Ich sah es gleich, / Sie haben einen Zweck“ nur ratlos mit „Zweck! Aber welchen?“ (1686) antworten kann. Besonders aber zeigt sich sein Verfehlen der Wirklichkeit an der Art, wie er seine eigene Uneigennützigkeit und ausschließliche Hingabe an die Welt des Ideals in Wallenstein hineinsieht. Noch

**Andererseits: Verfehlen der Wirklichkeit**

in ‚Tod' II,2, als Max, von Wallensteins Verrat tief getroffen, sich von ihm lossagt, hegt er das illusionäre Bild des ‚uneigennützigen' Wallenstein, wenn er ruft: „Du hast für andre viel gelebt, leb endlich / Einmal dir selber ... (826 f.).

**Mündigkeit zur Verzweiflung**

Weil Max nur in der Welt des Ideals, nicht aber in der rauhen Wirklichkeit steht, ist die Mündigkeit, in die ihn die Erkenntnis von der Schuld beider Väter wirft, auch nur die Mündigkeit zum Verzweiflungstod, zum Verlassen einer Welt, in der das Ideal beschmutzt wird.

## Thekla

**Randstellung Theklas**

Wallensteins Tochter Thekla fällt es zu, zusammen mit Max Piccolomini das „Schöne" und, in der Form der bedingungslosen Liebe, die in die Welt der Geschichte eingetretene Welt des Ideals zu verkörpern. Insofern ist sie eine maßstabsetzende Figur höchsten Ranges innerhalb der Trilogie; nicht trotzdem, sondern gerade deshalb bleibt sie am Rand des Geschehens, ist nicht – wie in gewissem Maß selbst Max – Täter und Opfer zugleich, sondern ausschließlich Opfer.

**Distanz zur Welt der Geschichte**

Schiller betont bei der Konzeption Theklas konsequent ihre Distanz zur Welt Wallensteins, aber auch ihre eigenständige Bedeutung. Thekla wird zu Beginn ins Soldatenlager (d. h. ins Spannungsfeld der Geschichte) geholt, und sie wahrt hier deutlichen Abstand von dieser für sie neuen Welt. Schon in ‚Piccolomini' III,8 kündigt sie der Gräfin Terzky, deren geheime Absichten sie durchschaut, entschlossene Festigkeit an: „Daß ich mir selbst gehöre, weiß ich nun" (1850). Ihr Selbstbewußtsein spricht sich hier in den Worten aus, mit denen sie Widerstand gegen die rauhe Welt des Vaters zeigt: „Er soll in mir die echte Tochter finden" (1858). Widerstand, der sich später symbolhaft in der Weigerung konkretisiert, für Wallenstein die Zither zu spielen (‚Tod' III,4). Gleichfalls konsequent weigert sich Thekla, Max im entscheidenden Augenblick

(‚Tod‘ III,21) die Rückwendung zu Wallenstein anzuraten. Sie verweist ihn auf das „Herz“ als die entscheidende Instanz dieser Lebensbeziehung, aber auch der sittlichen Persönlichkeit; damit erweist sie sich zusammen mit Max als die Figur, die am entschiedensten die Verweigerung gegenüber allen listig auferlegten „Rollen“ lebt.

**Bestehen der Wirklichkeit**

Was Thekla selbst über Max erhebt, ist die Klarsicht, mit der sie einerseits von Anfang an das taktische Ränkespiel durchschaut, das mit ihrer Liebe getrieben werden soll, mit der sie andererseits die hereinbrechende Katastrophe voraussieht. Beides betont ihren fast prophetischen Rang in der Trilogie; während Max die List der Gegenspieler erst spät erkennt und lange der Illusion einer harmonischen Lösung nachhängt, hält Thekla als die eigentlich legitime Vertreterin der Welt des Ideals das volle Gewicht der Wirklichkeit aus. Daher ist sie auch fähig, Max’ Tod als „das Los des Schönen auf der Erde“ symbolisch zu deuten (‚Tod‘ IV,12, 3180).

**Nähe zum Lyrischen als Ausdruck der Geschichtsenthobenheit**

Auch sprachlich verfügt Thekla über einen eigenen Ton. Er ist gekennzeichnet durch eine immer wieder hervortretende Nähe zum Lyrischen. Von dem ahnungsvoll bewegten Lied in ‚Piccolomini‘ III,7 über die gereimten Verse des Aktschlusses mit der Untergangsvision in ‚Piccolomini‘ III,9 bis zum schmerzerfüllten, wiederum gereimten Nachruf auf Max in ‚Tod‘ IV,12 reicht die Folge von Auftritten, die hierher gehören und durch ihre lyrische oder der Lyrik angenäherte Form nach dem Gattungsdenken der Goethezeit das Geschichtsenthobene, ruhig in sich Bestehende der Figur unterstreichen.

Theklas Austritt aus der Welt, der sich als Folge der Vernichtung ihres Lebens durch Max’ Tod fast von selbst versteht, wird vom Werk nicht mehr gezeigt. Jedoch hat Schiller die Gestalt 1802 noch einmal aufleben lassen. In dem Gedicht „Thekla. Eine Geisterstimme“ entwirft er das Bild eines Jenseits, in dem Thekla mit Max vereint ist und in dem auch Wallenstein, „frei von Sünden“ und entlastet vom Mordgeschehen, aufgehoben ist.

## Buttler

Grundsätzliche Bedeutung und künstlerische Problematik der Figur

Anders als die ‚Techniker des Verrats' Terzky und Illo, anders auch als der charakterlose Glücksritter Isolani, dessen Umlenkung fast spielend gelingt, ist unter allen Offizieren des Soldatenlagers nur noch Buttler eine eigene Betrachtung wert. Dies nicht nur, weil von ihm schon im ‚Lager' die Rede ist und er zuletzt zur treibenden Kraft bei Wallensteins Ermordung wird. Buttler hat vielmehr eine eigene, kompromißlos vertretene Position im dramatischen Kräftespiel, und es verbindet sich mit ihm eine besondere künstlerische Problematik.

Buttler als hochgekommener gemeiner Soldat

Als alter Haudegen, der ohne vornehme Geburt seinen Aufstieg allein der militärischen Tatkraft und damit der Kraft seiner Persönlichkeit verdankt, wird Buttler dem Zuschauer bereits im ‚Lager' in den Worten des Wachtmeisters (‚Lager' 7, 439ff.) nahegebracht. In ähnlichem Sinn präsentieren ihn auch die ‚Piccolomini', in denen er schon vom ersten Auftritt an eine bedeutsame, scharf charakterisierte Rolle spielt. Er erscheint dort mit dem Stolz des Gemeinen, der sich selbst seinen Aufstieg zu verdanken hat und sich darin als grundsätzlich ebenbürtigen Mitkämpfer des ähnlich emporgekommenen Feldherrn sieht, so wie wiederum der Wachtmeister sich als weniger erfolgreichen Kameraden Buttlers darstellt. Kehrseite dieses Stolzes auf die errungene Funktion und Bedeutung ist eine extrem gesteigerte Verletzlichkeit, die Buttler jedes Maß verlieren läßt, wo er die Anerkennung seiner Verdienste verweigert sieht. Der Wendepunkt (kritisch gesprochen: der Bruch) im szenischen Auftreten Buttlers findet sich in dem entscheidenden Gespräch mit Octavio Piccolomini in ‚Tod' II,6, als die (angebliche) Intrige Wallensteins offenbar wird und Buttler vom glühenden Anhänger unvermittelt zum Todfeind des Feldherrn wird. Schiller motiviert dieses abrupte Umschlagen – von nun an verfügt Buttler nämlich ebenso wie Octavio über die Mittel der Heuchelei und Verstellung, die ihm doch eigentlich fremd sind – eben aus diesem schwachen Punkt des aus eigener Kraft Aufgestiegenen.

‚Tod' II,6 als Wendepunkt im Verhältnis Buttler-Wallenstein

Hier aber setzt auch die künstlerische Problematik der Figur an. Es ist in der literaturwissenschaftlichen Forschung bemängelt worden, daß Buttler in ‚Tod' II,6 den Brief, den ihm Octavio als Beweis präsentiert, unmöglich genauer zur Kenntnis nehmen könne, da die Lektüre des Briefs nur sechs Zeilen daure (1138–1143). Der Einwand ist unsinnig, da bei der Aufführung – und „Wallenstein" ist kein Lesedrama! – durchaus eine Redepause eintreten kann. Es kann hier auch unberücksichtigt bleiben, ob es sich dabei um einen echten Brief Wallensteins oder etwa um einen gefälschten Octavios handelt; auch das eine Streitfrage der Forschung. Die künstlerische Problematik der Figur Buttlers liegt vielmehr darin, daß der urwüchsige Haudegen von diesem Wendepunkt an immer wieder zum Sprachrohr philosophischer Kommentare wird und sein eigenes Handeln so durchgehend mit Reflexion begleitet, daß die psychologische Glaubwürdigkeit der Figur gefährdet erscheint.

**Buttler als Sprachrohr philosophischer Reflexion**

Diese neue Tonart Buttlers beginnt in ‚Tod' IV,8, als er die Verwerflichkeit von Wallensteins Spiel mit Menschen in einer Verdichtung zusammenfaßt (2853 ff.), wie sie sonst nirgends in der Trilogie ausgesprochen wird. Wenige Zeilen später folgt ein noch mehr überhöhter Kommentar über die scheinbare Freiheit des handelnden Menschen (2876–2879), der sich vordergründig auf Wallenstein, für den sehenden Zuschauer aber auch auf Buttler selbst bezieht. Schließlich läßt Schiller die Funktion, die dem Buttler der letzten Phase der Trilogie zugewachsen ist, nämlich die Rache der mißbrauchten Persönlichkeit zu verkörpern, von ihm selbst formulieren: „Ein jeder gibt den Wert sich selbst. Wie hoch ich / Mich selbst anschlagen will, das steht bei mir ..." (2905 ff.). Vom Ausgangspunkt der Figur her gesehen, wird man wohl kaum bestreiten können, daß Schiller hier einer typischen Gefahr des Ideendramas erlegen ist: Die Bühnenfigur wird zur notdürftigen Einkleidung der Idee, die sie verkörpert; das Gleichgewicht von Anschauung und Bedeutung ist gestört.

**Buttler als Rächer der mißbrauchten Persönlichkeit**

## Herzogin

Konventionelle Rolle der ‚Gattin'

Die Rolle der Herzogin in der Trilogie erscheint lange Zeit unbedeutend. Sie ist bei ihrem ersten Auftritt in ‚Piccolomini' II,2 ganz reduziert auf die Funktion des Berichtens und tritt völlig hinter der beherrschenden Persönlichkeit Wallensteins zurück. Auch spätere Auftritte zeigen sie ganz festgelegt auf das zeitgemäße Schema der ohnmächtig zusehenden, leidenden, ja sogar bewußt von der düsteren Wahrheit ferngehaltenen Gattin im Schatten des tonangebenden Gemahls. Nur in der Szene ‚Tod' III,3 gewinnt die Herzogin unvermittelt dramatisches Interesse – nicht nur, weil sie hier dem Zuschauer ein bedeutsames entlastendes Moment durch die Enthüllung der Hintergründe von Wallensteins Wandlung liefert, sondern auch deshalb, weil sie hier in eindrucksvollen Versen (1377 ff.) Angst und Leiden als Kehrseite geschichtlicher Größe ausspricht. Wenn es in Schillers Werk einen Ansatz zu einer Dramaturgie des Opfers (statt des Täters) gibt, so liegt er hier, wo eine an sich konventionell gezeichnete Figur unversehens Leben gewinnt.

Angst als Kehrseite der Größe

## Gordon

Gordon tritt von allen profilierten Figuren der Trilogie zuletzt auf; erst mit Wallensteins Aufbruch aus dem Lager nach Eger beginnt seine Rolle (‚Tod' IV,2). Sie erhält jedoch eine scharf umrissene dramatische Funktion. Zum einen erscheint Gordon, der so ganz anders geartete Jugendgefährte Wallensteins, als Kontrastfigur. Der Doppelaspekt, der die Figur Wallensteins nun bestimmt, Größe und Gefahr, hebt sich von Gordons kleinmütiger Bescheidung und ungefährdeter Sicherheit um so glänzender ab. Zum anderen erfüllt Gordon die dramaturgische Funktion, das aufs Ende zustürzende Geschehen nochmals kunstvoll zu retardieren, so in den mehrfachen Gesprächen mit seinem übermächtigen

Kontrastfunktion der Figur

Widerpart Buttler, wo Gordon immer zur Mäßigung und zum Abwarten drängt, ohne doch ernsthaft Widerstand zu leisten; als er sich in ‚Tod' V,7 doch noch dazu aufzuraffen scheint, bringt ihn Buttler mit dem bloßen Appell „An Euren Posten, Kommandant" (3731) leicht davon ab – eine psychologisch feine Wendung.

**Retardierende Funktion**

## Illo

Die amoralische Erfolgsideologie von Wallensteins Beratern wird auf prinzipieller Ebene von der Gräfin Terzky vertreten; unterhalb dieses ‚philosophischen' Niveaus sind Illo und Graf Terzky die taktischen Vollstrecker. Von ihnen bleibt Terzky eher blaß, während Illo plastischer hervortritt. In verschiedenen Szenen werden seine Ressentiments gegen Slawen (‚Piccolomini' I,2) und „Welsche" (‚Piccolomini' IV,7) deutlich, ebenso sein heißblütiges und unbedachtes Temperament, mit dem er dem kaiserlichen Abgesandten widerspricht und unter dem Einfluß des Weins den Erfolg der eigenen Winkelzüge gefährdet (‚Piccolomini' IV,7, 2223 ff.). In ‚Piccolomini' II,6 spricht Wallenstein Illos Beschränktheit, aber auch seine partielle Brauchbarkeit deutlich aus (973 ff.):

**Individuelle Charakterisierung und prinzipielle Einstufung**

> „Das Irdische, Gemeine magst du sehn,
> Das Nächste mit dem Nächsten klug verknüpfen;
> Darin vertrau ich dir und glaube dir."

## Wachtmeister

Stellvertretend für die zahlreichen, vielfältig und lebenskräftig charakterisierten Figuren des „Lagers" kann die Figur des Wachtmeisters Aufschluß über die Meisterschaft geben, mit der Schiller es in diesem ersten Teil der Trilogie versteht, einerseits in scheinbar kunterbunter Folge Soldatentypen der verschiedensten Art vorzuführen, andererseits aber in diesem bunten Gewühl die Konturen des sich mächtig entfaltenden Ideendramas unmerklich anzulegen.

**Der Wachtmeister als komische Figur**

Der Wachtmeister, vom zweiten bis zum letzten Auftritt auf der Bühne, erscheint vor allem als *komische Figur*. Diesen Eindruck vermittelt er
- durch das besserwisserische Gehabe, mit dem er immer wieder seine Informiertheit und seinen Durchblick zur Schau stellt, wenn er etwa angebliche Worte Wallensteins zitiert (6/339f.), wenn er von dem „grauen Männlein" (6/373ff.) berichtet, wenn er über Wallensteins Vollmachten (11/847ff.) Einzelheiten kolportiert;
- durch die abergläubische Beschränktheit, mit der er Wallenstein als „fest", weil geschützt durch „die höllische Salbe" (6/355ff.) ansieht und mit der er schon bei den Soldaten nicht nur Glauben findet;
- durch die Naivität, mit der er allein schon sprachlich seine treuherzige Identifikation mit dem Feldherrn verrät (2/77: „Sie trauen *uns* nicht").

**Exposition und Grundlegung des Ideengefüges**

In all diesen komischen Zügen verrät sich aber auch etwas von den Hintergründen der merkwürdigen Faszinationskraft, mit der die Riesenfigur Wallensteins das Lager zusammenkettet. Wenn der Wachtmeister sich in komischer Beschränktheit als (natürlich unverdientermaßen) weniger erfolgreiches Pendant Buttlers ansieht (7/446f.: Buttler „Tät die Welt mit seinem Kriegsruhm füllen, / Doch meine Verdienste, die blieben im stillen."), so schließt sich ein fast magisches Band vom untergeordneten Wachtmeister über den herausgehobenen Generalmajor, der sich ja ganz ähnlich in Verbindung mit Wallenstein sieht, bis zum Feldherrn selbst. Weit über die – natürlich gleichfalls vom Wachtmeister wie von anderen Figuren des „Lagers" erfüllte – Funktion hinaus, in einer umfassenden Exposition in die Welt der Handlung einzuführen, wird hier bereits der Grund des Ideengefüges gelegt, das die gesamte Trilogie bestimmen wird.

# Die dramatische Bauform

## Offene und geschlossene Form

**Formale Elemente des Dramas**

Bei der formalen Analyse von Dramen untersucht man üblicherweise folgende Aspekte:
- Handlung und Komposition
- Zeit
- Raum
- Figuren
- Sprache

Bei all diesen formalen Elementen des Dramas hat der Dramatiker eine Fülle varianter Gestaltungsmöglichkeiten; jedoch kehren in den vielen historischen Formtypen seit der Antike bestimmte Kombinationen formaler Lösungen in den verschiedenen Bereichen immer wieder. Es lassen sich sogar zwei gegensätzliche, aber jeweils idealtypische formale Ausprägungen des Dramas feststellen, die *geschlossene* und die *offene Form des Dramas*.

**Geschlossene und offene Form**

Die folgende Tabelle stellt in Anlehnung an die grundlegende literaturwissenschaftliche Darstellung (Volker Klotz: Geschlossene und offene Form im Drama, München [1]1960) die jeweils typischen Gestaltungsformen einander gegenüber:

| | **geschlossene Form:** | **offene Form:** |
|---|---|---|
| **Handlung und Komposition** | – Einheit und Kontinuität (Bericht, Mauerschau) (Exposition)<br>– Planmäßiges Vorandrängen der Handlung | – Pluralität und Blitzlichttechnik (Komplementäre Handlungsstränge, die sich wechselseitig erhellen) (Metaphorische Verklammerung: gleichbleibende Bildbereiche) (Integrationspunkt: eine Schlüsselszene) |

| | | |
|---|---|---|
| | – Symmetrie<br>– Steigerung als Bauprinzip<br>– Akt als Formeinheit<br>– Ausschnitt als Ganzes | – Variation – Abbruch und Neuansatz<br>– Montage<br>– Szene als Formeinheit<br>– Ganzes in Ausschnitten |
| **Zeit** | – Einheit und Kürze<br>– Unterordnung des Augenblicks (Botenbericht!) | – Ausdehnung mit Unterbrechungen<br>– Übermacht des Augenblicks |
| **Raum** | – Typischer Raum<br>– Atmosphärisch neutraler Raum (Mauerschau!) | – Charakterisierender Raum<br>– Atmosphärisch aufgeladener Raum: Weite, Enge, Dunkel, Requisiten |
| **Figuren** | – Geringe Personenzahl<br>– Hoher Stand; Maß und Würde<br>– Mündigkeit<br>– Hohes Bewußtsein<br>– Vorrang der Innerlichkeit<br>– Wort; Rhetorik | – Große Personenzahl<br>– Vielzahl der Stände<br>– Eingeschränkte Mündigkeit<br>– Unbewußter Drang<br>– Anfälligkeit für das Äußerliche<br>– Versagen der Sprache; Pantomime |
| **Sprache** | – Einheitlicher hoher Stil<br>– Allgemeiner Wortschatz<br>– Abstraktion, Entsinnlichung<br>– Distanz, Kontrolle<br>– Sentenzen: allgemeingültige Formeln<br>– Hypotaxe: gegliederte Satzgefüge<br>– Vers | – Verschiedene Stilschichten<br>– Spezifischer Wortschatz<br>– Konkretion, Gegenständlichkeit<br>– Spontaneität, Unbeherrschtheit<br>– Sprichwort, Volkslied, Bibel<br>– Parataxe: gleichgeordnete Sätze<br>Ellipsen: unvollständige Sätze<br>brüchige Hypotaxe<br>– Prosa |

(nach: Dramentheorie [= Textbücher Deutsch], Lehrerbegleitheft, S. 13 f., Freiburg 1975)

Wendet man die einzelnen Bestimmungen dieser gegensätzlichen Typologie auf „Wallenstein" an, so stellt sich die Trilogie als komplexes Formganzes dar, das Elemente beider Gestaltungsweisen aufweist. Auch dies läßt sich in tabellarischer Form zeigen:

**Geschlossene/offene Form in „Wallenstein":**

| | **geschlossene Form:** | **offene Form:** |
|---|---|---|
| **Handlung und Komposition** | – Aufzug als dominante Formeinheit (P – T)<br>– Gradation (P – T)<br>– Zurücktreten von Massenszenen (P – T) | – Auftritt als einzige Formeinheit (L)<br>– Epische Reihung (L)<br>– Massenszenen (L) |
| **Zeit** | – Kurze Gesamtdauer (L – P – T)<br>– Botenbericht (T IV, 10) | – Simultaneität (L – P – T) |
| **Raum** | – Räumliche Kontinuität (L – P – T bis III) | – Schauplatzwechsel (nach T III)<br>– Wechsel des Bühnenraums: (P: zwischen den Aufzügen – T: von II ab auch innerhalb der Aufzüge) |
| **Figuren** | – Gehobener Stand (P – T)<br>– Hohes Reflexionsniveau (P – T) | – Niedriger, heterogener Stand (L)<br>– Naivität (L)<br>– Hohe Zahl von Figuren (L)<br>– Neue Figur noch gegen Ende (T: Gordon) |
| **Sprache** | – Einheitlicher Stil (P – T)<br>– Abstraktes Vokabular (P – T)<br>– Hypotaxe (P – T)<br>– Anspruchsvolle Metaphorik, rhetorische Figuren (P – T) | – Verschiedene Stilebenen (L)<br>– Konkretes Vokabular (L)<br>– Parataxe (L) |

**„Wallenstein" als gegliederte Synthese**

Der Überblick macht deutlich, daß in den beiden letzten Teilen der Trilogie die Elemente der geschlossenen Form vorherrschen, während das „Lager" sich der offenen Form stark zuneigt. Bei dem Gesamtwerk handelt es sich also nicht um einen Mischtypus, sondern um eine überlegt gegliederte Synthese, in der gerade die Akzentverlagerungen Ausdrucksfunktion haben. So wie die übermächtige Figur Wallensteins von seiner Macht- und Existenzbasis, dem Soldatenlager, her in den Blick rückt, so baut sich auf dem der Vielfalt und darstellerischen Breite verschriebenen „Lager" die bedeutungsvollere, konzentrierte Sphäre der Entscheidungsträger auf, und im Übergang zu dieser Welt ist der Wandel der dramatischen Bauform hin zu den anspruchsvolleren geschlossenen Gestaltungsweisen nur konsequent.

## Integrierende und strukturierende Gestaltungsmittel

Bei einem dramatischen Riesenwerk von der Komplexität des „Wallenstein" stellt sich notwendig die Frage, durch welche Mittel der dramatischen Gestaltung die Einheit des Werks hergestellt wird, welche Mittel für den Zuschauer integrierend und strukturierend wirken.

**Gradation**

Ein Gestaltungsprinzip, das im „Wallenstein" durchgehend in dieser Absicht verwendet wird, ist das der *Gradation*: Steigerung ist das Gesetz, nach dem die vielfältigen Schichten des Werks miteinander verbunden sind. Einige Erscheinungsformen dieses Bauprinzips sind hier zu skizzieren:

– Die drei Teile der Trilogie sind insofern steigernd angeordnet, als sie von der Ebene der Soldaten (der Peripherie des Geschehens) über die übergeordnete Ebene der Offiziere (die die Entscheidungen bereits mit beeinflussen) bis zur höchsten Ebene der großen geschichtlichen Figur des Feldherrn (Zentrum des Geschehens) führen.

– Die wesentlichen Motive des Werks werden zunächst präludierend angeschlagen, dann in immer neuen und immer bedeutungsvolleren Varianten durchgespielt (erstes Aufklingen der Betrugs-Thematik beim Bauern im „Lager“, dann viele Steigerungsformen bis hin zum „Spieler“ Wallenstein – selbstbewußtes Auftreten der starken Persönlichkeit gegen Geburtsrang, komisch beim Wachtmeister, gesteigert bei Buttler, in höchster Form bei Wallenstein).

**Integration**

Hinzu treten weitere Kunstmittel Schillers, die zwar nicht so sehr der Gradation, aber doch der *Integration* des Werks über seine Teile hinweg dienen:

**Spiegelung von Handlungsteilen**

– Spiegelungen von Handlungswendungen tragen dazu bei, für den Zuschauer den Durchblick zu sichern (Octavio klärt Buttler darüber auf, daß er von Wallenstein als Spielfigur mißbraucht worden ist – und tut mit seinem Vorgehen Buttler genau dasselbe an, was dieser wiederum nicht bemerkt).

**Schaffen von Bezügen zwischen Szenen**

– Verklammernde Szenenbezüge schaffen im Handlungsgefüge ein Netz korrespondierender Stellen, die sich wechselseitig erhellen und kommentieren. Wesentliche Entsprechungsstellen in diesem Sinn sind:

| | |
|---|---|
| ‚Piccolomini‘ I,3<br>‚Tod‘ II, 3 | Das Lützener Ereignis in Octavios und Wallensteins Sicht |
| ‚Piccolomini‘ II,6<br>‚Picolomini‘ III,1<br>‚Piccolomini‘ III,4 | Wallensteins, Illos und Max’ Deutung des Glaubens an die Sterne |
| ‚Piccolomini‘ V,1/3<br>‚Tod‘ II,27/III,18 | Max’ große Abrechnung mit seinen beiden ‚Vätern‘ |
| ‚Tod‘ III,4<br>‚Tod‘ V,3 | Wallensteins Absage an den lebenden und sein Nachruf auf den toten Max Piccolomini |

Durchgängige metaphorische Bereiche

– Metaphorische Vorstellungsbereiche werden über die gesamte Trilogie hinweg immer wieder aufgegriffen (die Metaphern des Feuers treten schon im Lager mit dem Bild des „Weltbrandstifters" Wallenstein auf und werden immer neu durchgespielt, besonders eindrucksvoll etwa in Theklas Untergangsvision in ‚Piccolomini' III,9).

Wiederkehrende Leitbegriffe

– Bestimmte Begriffe werden leitmotivisch in dichter Folge immer neu gebraucht und entfaltet (Beispiele: Herz – Freiheit – Zweck etc.).

Durch all diese Mittel ist es Schiller in erstaunlichem Maß gelungen, bei aller inhaltlichen Fülle und formalen Vielgestaltigkeit des umfangreichen Werks jedes seiner Teile als unverwechselbaren Bestandteil eines umfassenden, in sich abgeschlossenen und sinnvollen dramatischen Beziehungsgefüges zu kennzeichnen und damit den Zuschauer ständig zum integrativen Einordnen der einzelnen Handlungselemente zu zwingen.

## Zeitstruktur und Raumgestaltung

Komprimierung des zeitlichen Ablaufs

Die zeitliche Struktur der Trilogie zeichnet sich durch eine extreme Verdichtung des vielfältigen Geschehens aus. Ganz im Sinn des geschlossenen Dramas, dem die äußerste Komprimierung des zeitlichen Ablaufs eigentümlich ist, hat Schiller die gesamte Handlung auf rund 36 Stunden für die Ereignisse in Pilsen und nicht mehr als 10 Stunden für die beiden in Eger spielenden Schlußakte konzentriert; dazwischen anzusetzen ist eine nicht gezeigte Pause von einer Nacht und einem halben Tag.

Simultaneität vieler Ereignisse

Wie die Auswertung der verschiedenen zeitlichen Hinweise und Querbezüge im Werk zeigt, beruht diese zeitliche Komprimierung darauf, daß man sich zahlreiche Auftritte als gleichzeitig stattfindend vorzustellen hat. Solche Simultaneität geht z. B. daraus hervor, daß die beiden markanten Ereignisse, von denen die Soldaten im „Lager"

**Die Zeitstruktur der „Wallenstein“-Trilogie**

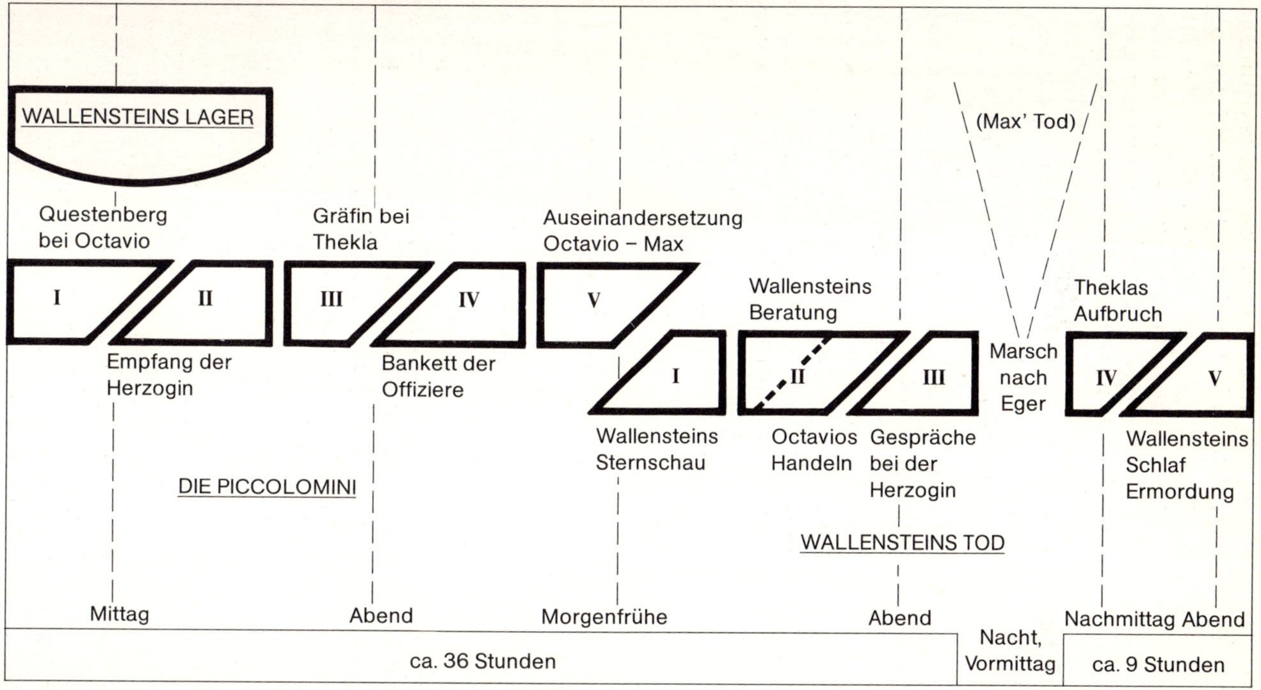

reden, also die Anwesenheit Questenbergs und die Ankunft der Herzogin mit Thekla, in den ersten beiden Aufzügen der ‚Piccolomini' auf der Bühne gezeigt werden, so daß die Szenen des ‚Lagers' also damit zeitgleich zu denken sind. Max Piccolomini andererseits verläßt in ‚Piccolomini' III,6 das – weiterlaufende – Gespräch Theklas mit der Gräfin, um zum Bankett der Offiziere zu gehen, bei dem er jedoch erst in ‚Piccolomini' IV,6 eintrifft; daher muß der Schluß des III. mit dem Beginn des IV. Akts parallel laufen. In dem Schema der Zeitstruktur des „Wallenstein" auf S. 73 sind solche Simultaneitäten durch schräge statt gerade Trennungslinien gezeigt.

**Verweiskraft der simultanen Szenenpaare**

Die künstlerische Leistung dieser ausgeklügelten Zeitstruktur besteht nicht nur in der Verdichtung, sondern auch in der Schaffung von aussagekräftigen Verweisen; so gewinnt der Zuschauer beispielsweise kritische Distanz zu Wallenstein, wenn er erfaßt, daß dessen entrückte Beobachtung der Sterne in ‚Tod' I,1 genau zu der Morgenstunde stattfindet, zu der Octavio Piccolomini dabei ist, sein Gegenspiel einzufädeln.

**Präzipitation und Retardation**

Meisterhaft gegeneinander ausbalanciert hat Schiller auch in der konkreten zeitlichen Anlage der Handlung die gegenläufigen Momente der Präzipitation (Beschleunigung) und der Retardation (Verlangsamung), die gerade in ihrem Zusammenwirken die ungeheure Spannung dieses Werks erzeugen, indem sie die Geschehnisse wechselweise vorantreiben oder aufhalten. Schiller hat dieses Wechselspiel sehr kalkuliert geschaffen, wie beispielsweise eine Äußerung während des Arbeitsprozesses zeigt:

> „Zugleich gelang es mir, die Handlung gleich von Anfang an in eine solche Praecipitation und Neigung zu bringen, daß sie in stetiger und beschleunigter Bewegung zu ihrem Ende eilt. Da der Hauptcharacter eigentlich retardierend ist, so thun die Umstände eigentlich alles zur Crise …" (Brief an Goethe vom 2. 10. 1797).

**Zeit als Thema**

Nur verwiesen werden kann hier auf den eigentümlichen Sachverhalt, daß Zeit und Zeitlichkeit in der

Trilogie auch inhaltlich eine überragende Rolle spielen. Wallensteins „retardierender Character", seine Scheu, sich durch Handeln festzulegen, sind zu deuten als – in letzter Konsequenz – ein utopischer Versuch, die Zeit als Existenzform des Endlichen anzuhalten, und dieses Unterfangen schwingt noch in der tragischen Ironie des letzten Gesprächs mit Gordon mit, wenn sich der todesnahe Wallenstein rühmt, daß „über meinem braunen Scheitelhaar / Die schnellen Jahre machtlos hingegangen" (‚Tod' V,4, 3564f.).

Gestaltung des Raums

Zeigt die Zeitstruktur des „Wallenstein" insgesamt bei aller Komprimierung doch eine eigenartige und eigenwillige Synthese von Strukturen der geschlossenen und der offenen Form, so liegt ähnliches bei der Gestaltung des dramatischen Raums vor.

Kombination der offenen und der geschlossenen Form:

Die malerische, durch eine relativ ausführliche Schauplatzbeschreibung im Nebentext (Regieanweisung) in ihrer Mannigfaltigkeit betonte Szenerie des Soldatenlagers, ferner auch die Schauplatzwechsel besonders in den letzten Aufzügen der Trilogie sind der offenen Form verpflichtet; andererseits weisen in den beiden letzten Teilen die meist pauschalen Raumbeschreibungen auf den Willen zu geschlossener Einheitlichkeit hin. Deutlich wird jedenfalls die – wiederum der geschlossenen Form eher entsprechende – symbolische Funktion der Schauplätze und ihrer Abfolge.

Mannigfaltigkeit und symbolische Funktion der Schauplätze

Symbolisch ist etwa die bewahrte Geheimnishaftigkeit des astrologischen Zimmers in ‚Tod' I,1; hier „zieht Wallenstein den Vorhang vor die Bilder", als seine Berater nahen – das Zimmer mit seinen Sternbildern steht also symbolisch für sein sorgsam verdecktes innerstes Ich. Symbolisch ist auch die überraschende Ortsverlagerung nach Eger zwischen dem III. und IV. Aufzug von „Wallensteins Tod"; wie das Verharren im Lager dem vermessenen Versuch, die Zeit anzuhalten, entsprach, so entspricht nun der Ortswechsel dem über Wallenstein hereingebrochenen Handlungszwang.

Bewegung im Raum

Ähnliche symbolische Funktion haben viele der Regiebemerkungen; wenn Octavio und Max Piccolomini in ‚Tod' II,7 den Bruch zwischen Vater und Sohn besiegeln, so „entfernen sie sich nach verschiedenen Seiten". Und in der Bewegungsanweisung während Wallensteins großem Monolog (‚Tod' I,4), wo es heißt *„Er macht heftige Schritte durchs Zimmer, dann bleibt er wieder sinnend stehen"*, ist die ganze Handlungsscheu Wallensteins anschaulich ausgedrückt.

# Die Gattungsproblematik

## Komödie – Schauspiel – Tragödie

Als gestufte Synthese verschiedener Ausdrucksformen des Dramatischen erweist sich „Wallenstein“ auch unter dem Gesichtspunkt der Gattungszugehörigkeit. Die Darstellung auf S. 78 zeigt (in notwendig verkürzter Form) die Zuordnung und die sie begründenden Charakteristika der einzelnen Teile der Trilogie.
Wie Goethes „Faust“, dessen rahmengebende Wette zwischen Gott und dem Teufel in gewissem Sinn als eine Wette darüber zu verstehen ist, ob der Mensch ein tragisches oder ein komisches Wesen ist, der als Gesamtwerk folgerichtig Züge der Komödie und der Tragödie integriert, – wie „Faust“ ist auch „Wallenstein“ eine mehrperspektivische und in diesem Sinn umfassende Darstellung menschlichen Lebens und geht so über die einlinigen Stilisierungen der Lebensvielfalt weit hinaus, die mit den Gattungen ‚Komödie‘ und ‚Tragödie‘ impliziert sind und die sonst gerade in der Klassik meist streng eingehalten werden.

## Thematik des Tragischen

Die Parallele zu „Faust“ trägt noch weiter. Wie dort in der Wette das dramatische Gattungsproblem thematisiert wird, so wird in „Wallenstein“ an mehreren Stellen das Tragische nicht nur gestaltet, sondern auch als Bewußtseinsinhalt der Figuren ausgesprochen.

**‚Piccolomini‘ V,1: Schuld als Konsequenz der „bösen Tat“**

In ‚Piccolomini‘ V,1 ist es Octavio Piccolomini, der in der großen Auseinandersetzung mit Max sein Handeln rechtfertigt und dessen Schuldhaftigkeit anerkennt (2447 ff.):

| | | |
|---|---|---|
| **Wallensteins Lager** | **Komödie** | – Kritische Darstellung einer sozialen Mentalität (Soldaten)<br>– Vorherrschen ästhetischer bzw. pragmatischer Lebensauffassung (Soldaten / Bauer)<br>– Moralische Indifferenz<br>– Begrenztes Bewußtsein der Figuren (komische Kluft zwischen Anspruch und Wirklichkeit: Wachtmeister)<br>– Burleske, stilistisch niedrige Sprache<br>– Unschädlichkeit des Ausgangs (Entkommen des Bauern)<br>– Vergnügen des Zuschauers an der Vielfalt |
| **Die Piccolomini** | **Schauspiel** | – Darstellung bedeutungsvoller geschichtlicher Gegensätze<br>– Moralische Fragestellung; Zweck-Mittel-Dialektik<br>– Hohes Bewußtsein der Figuren (Octavio, Max, Thekla, Gräfin)<br>– Rhetorisch anspruchsvolle Sprache<br>– Ausgang in der Schwebe (Möglichkeit einer harmonischen Lösung)<br>– Spannung des Zuschauers durch das Ringen verschiedener Kräfte |
| **Wallensteins Tod** | **Tragödie** | – Darstellung individueller Existenzproblematik<br>– Moralische Dimension: Tragische Schuld<br>– Umfassendes Bewußtsein des tragischen Helden<br>– Rhetorisch anspruchsvolle Sprache mit reicher Metaphorik<br>– Ausweglosigkeit und tödliches Scheitern<br>– Erschütterung des Zuschauers durch die tragische Katastrophe |

„Mein bester Sohn! Es ist nicht immer möglich,
Im Leben sich so kinderrein zu halten,
Wie's uns die Stimme lehrt im Innersten ..."

Freilich greift die Erklärung dieser dem geschichtlich handelnden Menschen auferlegten Befleckung mit Schuld durch den „Fluch der bösen Tat" (2542) nicht weit genug, weil sie vom Standpunkt eines engen Legitimitätsdenkens aus gesprochen ist.

**‚Tod' II,2: Schuld als Grundgesetz der Geschichte**

Dagegen spricht in ‚Tod' II,2 Wallenstein, bezeichnenderweise wieder gegenüber dem kompromißlosen Idealisten Max, die umfassende, weit über die (vermeidbare) „böse Tat" hinausreichende Gültigkeit der tragischen Schuldverkettung für das Leben des Menschen in der Geschichte aus (787 ff.):

„*Eng* ist die Welt, und das Gehirn ist *weit*,
Leicht beieinander wohnen die Gedanken,
Doch hart im Raume stoßen sich die Sachen,
Wo *eines* Platz nimmt, muß das *andre* rücken ..."

Erst hier ist mit weltdurchdringender Bewußtseinshöhe der fundamentale Gegensatz der beiden Welten formuliert – der des Ideals, zu der der Mensch Zugang hat, und der der Geschichte, in der er leben muß, deren Grundgesetz aber die Verstrikkung in Schuld ist.

**Wesen des Tragischen**

Die Unausweichlichkeit dieser Verstrickung in Schuld ist das Wesen des Tragischen. Sie hängt untrennbar damit zusammen, daß der Versuch unternommen wird, zwischen der höheren Welt des Ideals und der Lebensrealität zu vermitteln, d. h. das Ideal zu verwirklichen. Damit gerät das, was als Ideal unbedingte Gültigkeit hat, unter die Bedingtheit der Realität. Gerade der Versuch, das Ideal zu verwirklichen, bedroht es also paradoxerweise als Ideal: Octavio, dessen höchster Wert die Treue ist und der gerade dadurch, daß er diesen Wert real durchsetzen will, treulos werden muß.
Solche Paradoxien lassen sich nicht auflösen, sie bilden als Hinweis auf die Gespaltenheit der Welt die Kernzone des Tragischen. Ihr letzter Ursprung ist die Seinsweise des Individuums, also das Gesetz des Endlichen, das nur unvollkommene Durchblicke auf das Ideal freigibt.

**„Wallenstein" als Werk des deutschen Idealismus**

Dennoch – und hierin erweist sich „Wallenstein" als repräsentative Gedankenschöpfung des klassischen Idealismus – wird der Mensch nicht aus seiner Pflicht dem Ideal gegenüber entlassen. Ihm wird zugemutet, die Spannungen, die sich aus dem Aufeinanderprallen der beiden Welten ergeben, auszuhalten. Max' Ausweichen vor der Realität wird vom Werkganzen her ebensowenig bejaht wie die Leugnung der Idealität, die dem Erfolgskult der Gräfin Terzky zugrundeliegt. Auch Octavios freiwillige Verengung auf taktisches Kalkül wird am Ende nochmals ironisch in Frage gestellt. Und Wallenstein? Seine Verbundenheit mit dem Ideal wird nicht nur von ihm selbst gerade in der Abgrenzung (z. B. ‚Tod' II,2) deutlich ausgesprochen, sie zeigt sich vor allem in seinem verhängnisvollen *Zögern*.

**Sieg des Ideals im Untergang des tragischen Helden**

Dieses Zögern – und hier zeigt sich wieder eine Paradoxie – bringt ihn um den realen Erfolg und führt zu seinem Tod, zugleich erhebt es ihn aber gerade über realitätsverhaftete, daher bedenkenlose Figuren wie Terzky und die Gräfin und gibt ihm erst die Würde der tragischen Figur. Durch dieses Zögern und in seinem Scheitern wird Wallenstein zum Zeugen für die Wirksamkeit des Ideals in der Realität. Auch dieser Sieg des Ideals durch den Untergang des tragischen Helden ist eine bezeichnende Wendung der klassisch-idealistischen Tragödie.

# Die sprachliche Form

Die Sprachform von „Wallensteins Lager“ ist der Knittelvers:

**Knittelvers**

„Kamerad, die Zeiten sind schwer, x́xx́xx́xxx́
Das Schwert ist nicht bei der Waage mehr; xx́xx́xxx́xx́
Aber so mag mirs keiner verdenken, x́xxx́xx́xxx́x
Daß ich mich lieber zum Schwert will lenken.“ x́xxx́xxx́xx́x
(961 ff.)

Der derbe, treuherzige, auch etwas ungehobelte Eindruck, den dieser Vers beim Deklamieren macht, kommt von seiner unregelmäßigen Füllung mit Senkungen (unbetonten Silben); nur die vier Hebungen sind festgelegt, und der Paarreim (aa bb) ist üblich. Insgesamt ein vorzügliches Charakterisierungsmittel für die Welt der Soldaten. Vor allem paßt der Knittelvers auch zu dem derben, niedrigen Stilniveau, das hier angeschlagen wird.
An einigen Stellen des ‚Lagers‘ wird dieser vorherrschende Ton durchbrochen:
- einerseits bei der Predigt des Kapuziners im 8. Auftritt, wo Schiller die barocken Wortspiele des Abraham a Sancta Clara nachbildet und so die sprachliche Patina des 17. Jahrhunderts erzeugt,
- andererseits in den lyrischen Einlagen, also dem Rekrutenlied des 7. Auftritts und besonders dem Reiterlied des 11. Auftritts, wo sich das rauschhafte Lebensgefühl der Wallensteinschen Soldaten zu schwungvoller Gehobenheit verdichtet.

In „Die Piccolomini“ und „Wallensteins Tod“ gebraucht Schiller dann den Blankvers, der seit Lessings „Nathan der Weise“ (1779) zum repräsentativen Dramenvers der deutschen Klassik geworden ist und auf das große Vorbild Shakespeare zurückgeht:

**Blankvers**

„Nicht hoffe, wer des Drachen Zähne sät, xx́xx́xx́xx́xx́
Erfreuliches zu ernten. Jede Untat xx́xx́xx́xx́xx́x

**xxxxxxxxx**
**xxxxxxxxxx**

> Trägt ihren eignen Rache-Engel schon,
> Die böse Hoffnung, unter ihrem Herzen."
> (,Tod' 649ff.)

Der Blankvers, als fünfhebiger Jambus in der Regel ungereimt verwendet, ist ein geschmeidiger Vers mittlerer Länge, der durch seine Regelmäßigkeit (Alternieren je einer Hebung und Senkung) stilistisch anspruchsvoller als etwa der Knittelvers wirkt und so dem höheren Reflexionsniveau der Offiziere ein angemessenes Ausdrucksmittel ist. Immerhin ist der Blankvers durch Enjambements oder Aufteilung einer Verszeile auf verschiedene Sprecher gelockert, wenn auch nicht prosanah verwendbar.

**Ausdruckssteigerung durch**

Schiller weicht an zahlreichen Stellen der beiden letzten Teile der Trilogie jedoch von dem vorherrschenden Blankvers in seiner üblichen Form ab, um eine Ausdruckssteigerung zu erzielen:

**– Verlängerte Zeilen**

- In ,Piccolomini' V,1, wenn Octavio beschwörend auf Max einspricht, spiegelt sich sein eindringlicher Sprachgestus in den plötzlich um jeweils eine Hebung verlängerten Zeilen 2477–2480:

  > „Mit leisen Tritten schlich er seinen bösen Weg,
  > So leis und schlau ist ihm die Rache nachgeschlichen.
  > Schon steht sie ungesehen, finster hinter ihm,
  > Ein Schritt nur noch und schaudernd rühret er sie an."

  Unterstrichen wird die sprachliche Exponiertheit dieser Stelle noch durch die düsterklingenden Alliterationen (gleiche Anfangskonsonanten) auf ,sch' und die Assonanzen (Vokalgleichklänge) auf ,i'.

**– Gereimte Akt- und Szenenschlüsse**

- An verschiedenen *Akt- oder Szenenschlüssen* benutzt Schiller plötzlich den Reim, der vor dem Hintergrund des sonst reimlosen Blankverses nun unvermittelt zu einem auffälligen und schlagkräftigen Ausdrucksmittel wird, so etwa am Ende von ,Piccolomini' V,3 oder von ,Tod' III, 23, dann wieder von ,Tod' IV,12. Immer handelt es sich dabei um Momente stärkster Spannung, die durch die sprachliche Intensivierung unterstrichen wird.

**– Lyrische Einlagen**

– Lyrische Einlagen verbinden sich mit der Gestalt Theklas, der als Repräsentantin der Welt des Schönen eine besondere Nähe zum Gesang zukommt (‚Piccolomini‘ III,7 – ‚Tod‘ IV,12).

**Stilfiguren**

Generell ist die Sprache der beiden letzten Teile der Trilogie rhetorisch glanzvoll und bildkräftig. Stilfiguren wie die *Antithese* („Kühn war das Wort, weil es die Tat nicht war.“ – ‚Tod‘ I,4, 170), das *Oxymoron* („O! du bist blind mit deinen sehenden Augen!“ – ‚Tod‘ II,3, 890), die *Figura etymologica* („Durch feige Furcht allein mir fürchterlich“ – ‚Tod‘ I,4, 205) prägen sie. Mittel der Bildlichkeit wie die *Personifikation* („So leis und schlau ist ihm die Rache nachgeschlichen.“ – ‚Piccolomini‘ V,1, 2478; vgl. oben), vor allem aber eine reich ausgeprägte *Metaphorik*, die etwa die Bildbereiche des Feuers (z. B. ‚Piccolomini‘ III,9, 1907ff.) oder der Seefahrt (z. B. ‚Tod‘ V,4, 3570ff.) immer wieder aufgreift, geben dieser Sprache eine pathetische Höhenlage, die gleichwohl nirgends Selbstzweck, sondern immer Mittel zur Hervorhebung bedeutender Inhalte ist.

**Metaphorik**

# Entstehungs- und Textgeschichte

## Zeittafel zum Entstehungsprozeß

| | |
|---|---|
| **1786** | Beginn von Schillers vertieftem Studium der Geschichte |
| **1789** | Ernennung Schillers zum Professor der Geschichte (Philosophie) in Jena |
| **1790** | Arbeit an der „Geschichte des Dreißigjährigen Kriegs“<br>Oktober: Erscheinen des 1. und 2. Buchs der „Geschichte des Dreißigjährigen Kriegs“ im „Historischen Calender für Damen für das Jahr 1791“ |
| **1791** | Erste Erwähnung des Vorhabens, ein Wallenstein-Drama zu schreiben |
| **1792** | Weitere Beschäftigung mit dem Plan eines Wallenstein-Dramas<br>Arbeit an der Fortsetzung der „Geschichte des Dreißigjährigen Kriegs“ |
| **1794** | Abfassung einiger „Wallenstein“-Szenen in Prosa |
| **1796** | März: Endgültige Entscheidung für „Wallenstein“ und gegen den konkurrierenden Dramenplan „Die Malteser“<br>Oktober: Beginn der konkreten Arbeit am „Wallenstein“-Plan<br>November: Quellenstudien und Entwürfe zum „Wallenstein“; Anschwellen des Stoffs; Niederschrift eines I. Akts in Prosa |
| **1797** | Februar: Erste Erwähnung des Plans, der Stofffülle durch Ausgliederung eines Vorspiels Herr zu werden; Beginn intensiver Erörterungen mit Goethe über den Gegensatz des Epischen und des Dramatischen<br>April: Ausführliche Szenenübersicht zum „Wallenstein“; Fertigstellung des Reiterlieds<br>Mai: Mitteilung des (noch kurzen) Vorspiels an Goethe, der eine Dreiteilung empfiehlt |

November: Entscheidung für die Versform; Umarbeitung der vorhandenen Teile in diesem Sinn
Dezember: Abschluß des I. Akts (endgültig: Picc. I–II)

**1798** Januar: Abschluß des II. Akts (endgültig: Picc. III–V)
März: Abschluß des III. Akts (endgültig: Tod I–II); intensive Gespräche mit Goethe über „Wallenstein", über das Epische und Dramatische
August: Abschluß des IV.–V. Akts (endgültig: Tod III–V)
September: Überarbeitung der Liebesszenen; Entschluß zur Aufteilung auf zwei Teile nach Goethes Rat; Änderung von „Wallensteins Lager" für eine selbständige Weimarer Aufführung
Oktober: Hinzufügung der Kapuzinerpredigt auf Goethes Hinweis; Abfassung des Prologs
12. Oktober: Uraufführung von „Wallensteins Lager" zur Wiedereröffnung des umgebauten Weimarer Hoftheaters
Dezember: Erweiterung des „Wallenstein" um neue Szenen; Verstärkung des Motivs der Astrologie auf Goethes Rat

**1799** 30. Januar: Uraufführung der „Piccolomini" (einschließlich der beiden ersten Akte von „Wallensteins Tod") im Weimarer Hoftheater
18. Februar: Erstaufführung der „Piccolomini" in Berlin durch Iffland
März: Abschluß der „Wallenstein"-Trilogie
20. April: Uraufführung von „Wallensteins Tod" (damaliger Titel: „Wallenstein") im Weimarer Hoftheater in Anwesenheit des Herzogs, der Schiller beglückwünscht
2. Juli: Aufführung von „Wallensteins Tod" in Weimar vor dem preußischen Königspaar, dem Schiller vorgestellt wird

**1800** Juni: Erscheinen der „Wallenstein"-Trilogie bei Cotta; die Ausgabe ist nach kurzer Zeit vergriffen; in der Folge Neuauflagen, auch Raubdrucke

**1802** Das Gedicht „Thekla. Eine Geisterstimme" als Schillers Antwort auf Fragen, was aus der geflüchteten Thekla wohl geworden sei...

## Textfassungen

„Wallenstein" ist ein Werk von großem Umfang, daher auch verwickelter Entstehungsgeschichte, wie es die oben wiedergegebene Zeittafel zeigt, – ein Werk zugleich, das mehrfache Umarbeitungen mit teils tiefen Eingriffen in die Konzeption erlebt hat. Daher existiert der Text in einer Reihe von Varianten, die die verschiedenen Stadien dieses Prozesses spiegeln.

**Ausgabe letzter Hand**

Maßgebend für die heutige Beschäftigung mit dem Werk ist die *Ausgabe letzter Hand,* d. h. die letzte – in diesem Fall auch einzige – vom Autor selbst für den Druck in dieser Form legitimierte Textfassung; die Ausgabe also, die im Jahr 1800 bei Cotta in Tübingen unter dem Titel „Wallenstein ein dramatisches Gedicht von Schiller" erschienen ist und auf der die heutigen Ausgaben beruhen.

**Vorabdrucke**

Daneben existieren *Vorabdrucke* einiger Passagen in teils etwas veränderter Textgestalt (das Reiterlied erschien als Erstdruck in Schillers „Musenalmanach auf das Jahr 1798", der Prolog im „Musenalmanach auf das Jahr 1799", Auszüge aus dem ‚Lager' und den ‚Piccolomini' 1798/99 in der „Allgemeinen Zeitung", ein Auszug aus ‚Wallensteins Tod' 1800 in der Zeitschrift „Janus").

Eine von Schiller mit vollem Bewußtsein als endgültiger Text überarbeitete Fassung hat es niemals gegeben. Dies geht schon aus den Begleitumständen der Jahre 1796–1800 hervor, die in der Zeittafel nicht auftauchen, sich dem genaueren Betrachten von Schillers Lebensgeschichte aber erschließen: „Wallenstein" ist einer äußerst bedrängten Lebenssituation abgerungen, zwischen lästigen Krankheitspausen, unter der Drohung einer schon ruinierten Gesundheit, bei ständig dazwischengeschobenen Tagesprojekten, in deprimierender materieller Bedrängtheit verfaßt. Zudem ist es das Werk eines immer weiter experimentierenden, zu allen möglichen Umformungen für konkrete Aufführungsbedingungen bereiten, immer ruhelos weiterdrängenden Stückeschreibers.

Daher verdienen die verschiedenen *Handschriften*, die als Grundlage für konkrete Aufführungen und teils aufgrund von Wünschen der Aufführenden oder mit Rücksicht auf taktische Konstellationen entstanden sind, Beachtung. Ihre Analyse würde hier zu weit führen; jedoch sollen wenigstens die wichtigsten dieser Handschriften erwähnt werden:

**Handschriften**

- Die *Weimarer Handschrift* ist wohl eine unmittelbar vor der Uraufführung erstellte Reinschrift von „Wallensteins Lager", korrigiert und unterschrieben von Schiller.
- Die *Marbacher Handschrift* enthält i.w. „Wallensteins Lager" und „Die Piccolomini" und zeigt im Übereinander zahlloser Streichungen und Verbesserungen sehr eindrucksvoll den verwikkelten Weg Schillers zur ‚endgültigen' Textgestalt.
- Das *Berliner Bühnenmanuskript* lag der Erstaufführung Ifflands im Februar 1799 zugrunde.
- Die *Stuttgarter Handschrift* kommt der Ausgabe letzter Hand sehr nahe, tilgt oder mildert jedoch die Kritik an der kaiserlichen Obrigkeit – offenbar eine Konzession Schillers, die eine Aufführung am Stuttgarter Hoftheater erleichtern sollte.
- Das *Hamburger Theatermanuskript* enthält „Die Piccolomini" und „Wallensteins Tod", auf etwa zwei Drittel gekürzt. Es ist nicht von Schiller selbst geschrieben, aber von ihm eigenhändig korrigiert, womit auch die Kürzung autorisiert ist; eine wichtige Grundlage für heutige Aufführungen, die ebenfalls kaum ohne Kürzung möglich sind und sich hier auf Schillers Auswahl stützen können. Das Manuskript ist wohl im Frühjahr 1802 entstanden; die aus der Kürzung ablesbare stärkere Akzentuierung der geschichtspessimistischen Momente entspricht durchaus Schillers dichterischer Entwicklung seit dem „Wallenstein".

# Literarische Einflüsse

**Traditionalismus der Klassik**

Ältere Literatur ist in aller Regel traditionsgebunden, versteht sich in der – soweit sie schöpferisch ist, variierenden und dabei oft höchst originellen – Nachfolge bedeutender Werke der Vergangenheit. Besonders gilt dies für eine Epoche wie die Klassik, die geradezu vom Glauben an die Prägekraft überkommener Modelle lebt. In diesem Sinn lassen sich auch in „Wallenstein" die Spuren literarischer Traditionen vielfältig wiedererkennen. Schiller genoß die literarische Bildung seiner Zeit; vom 6. Lebensjahr ab lernte er Latein, mit 10 Jahren beschäftigte er sich mit der griechischen und der hebräischen, später mit der französischen und englischen Sprache. Auf der „Militär-Pflanzschule" und späteren „Herzoglichen Militär-Akademie" des Herzogs Karl Eugen von Württemberg lernte er antike Schriftsteller (Homer, Sophokles, Euripides, Vergil und andere lateinische Autoren) kennen, las von den Schriftstellern der damaligen Gegenwart Rousseau, Klopstock, Lessing, Goethe, Wieland und die Sturm-und-Drang-Dichter.

**Schillers literarische Bildung**

Unmittelbar erkennbar ist im „Wallenstein" das Vorbild des großen Usurpatoren-Dramas der elisabethanischen Zeit: Shakespeares „Macbeth". Wie dort der zaudernde Titelheld von seiner amoralisch-skrupellosen Gattin, Lady Macbeth, in Königsmord und Thronraub getrieben wird, so erliegt Wallenstein bei Schiller den bedenkenlosen Einflüsterungen der Gräfin Terzky; und wie sich bei Shakespeare die Gewichte verkehren, so daß Lady Macbeth am Ende von Gewissensbissen in den Wahnsinn getrieben wird, während Macbeth seine blutige Bahn, einmal angestoßen, konsequent verfolgt, so geht Wallenstein in zunehmender Hybris ungebeugt in den Untergang, während nun die vorher so rigorose Gräfin Terzky bösen Träumen nachhängt. Die Parallelität dieser gegenläufigen Entwicklung bei Shakespeare und bei Schiller ist kein

**Skakespeares „Macbeth" als Vorbild**

Zufall – Schiller erwähnt „Macbeth“ in einem Brief an Goethe vom 28. November 1796 in unmittelbarem Zusammenhang mit „Wallenstein“, und im Jahr 1800, also kurz nach der Fertigstellung des Werks, macht er sich an eine Bühnenbearbeitung des „Macbeth“ für Weimar. – Auch in der Überwucherung von Grundstrukturen der geschlossenen Form durch kühne Wendungen und Lockerungen scheint ganz allgemein das Vorbild Shakespeare erkennbar; Schillers Kenntnis der Werke Shakespeares geht nachweislich bis auf das Jahr 1776 zurück, also auf sein 17. Lebensjahr.

**Skakespeare als Vorbild formaler Lockerungen**

Ein anderes Vorbild ist eine der überragenden Tragödien der französischen Klassik: Racines „Phèdre“. Auch dieses bedeutende Werk hat Schiller noch im Jahr seines Todes (1805) bearbeitet und übersetzt; unmittelbar nach Abschluß des „Wallenstein“ erwähnt er wieder in einem Brief an Goethe Racine als den bedeutenderen Dramatiker gegenüber dem neu gelesenen Corneille (31. Mai 1799); er ist also mit dem französischen Autor vertraut, und die Pläne, „Phèdre“ zu bearbeiten, lassen sich bis auf das Jahr 1784 zurückverfolgen, also lange vor der Arbeit an „Wallenstein“. Am deutlichsten ist der Stil des Franzosen in Schillers Werk dort wiederzuerkennen, wo ein berühmtes Glanzstück der „Phèdre“ geradezu sein deutsches Pendant erhält. Es handelt sich um den sprachlich prunkvollen, mit allen stilistischen Glanzlichtern und allem mythologischen Pomp geschmückten Botenbericht des Théramène, der vom grauenvollen Untergang des tragischen Helden Hippolyte in den Fängen eines Ungeheuers erzählt („Phèdre“ V,6). Pendant ist im „Wallenstein“ der Bericht, den der schwedische Hauptmann in ‚Tod‘ IV,10 über den Verzweiflungstod von Max Piccolomini vor der tiefergriffenen Thekla erstattet – hier wie dort die Vergegenwärtigung und zugleich Distanzierung eines äußersten Schreckens durch die Darstellung im berichtenden Monolog.

**Racines „Phèdre“ als Vorbild des Berichts über Max' Tod**

Schillers großer Trilogie geht das eingehende Studium der Philosophie Kants voraus. Auch sie hat dem „Wallenstein“ ihre Spuren aufgeprägt. Die Quintessenz von Kants Erkenntnistheorie in der

**Einfluß der Philosophie Kants**

„Kritik der reinen Vernunft“ (1781), wonach menschliches Wahrnehmen schon immer durch die im erkennenden Subjekt liegenden Wahrnehmungsschemata gefärbt ist, hat nie einen schlagenderen Ausdruck gefunden als in Theklas lapidarer Antwort „Das bist du!“ (‚Piccolomini‘ III,5, 1702) auf Max' Lobrede über Wallenstein, der ihm „wahrhaft“, „unverstellt“ und „edel“ erscheint. Aber

**Idealistische Ethik**

auch die rigoros idealistische Ethik der „Kritik der praktischen Vernunft“ (1788), die es verbietet, Menschen als Werkzeuge zu behandeln, ist als Grundmuster in Max' Ablehnung der Handlungsweise Wallensteins und Octavios deutlich sichtbar.

# Historische Grundlagen

## Zeittafel zum Dreißigjährigen Krieg

| | |
|---|---|
| | *Die Ursachen des Dreißigjährigen Krieges liegen in erster Linie im religiösen Gegensatz zwischen Katholiken und Protestanten. Dieser tiefe Gegensatz ist durch das Streben der Reichsstände nach größerer Macht und höheren Souveränitätsrechten noch wesentlich erweitert worden. Demgegenüber besteht auf seiten der habsburgischen Kaiser das Streben nach religiöser und politischer Einheit des Reichs.* |
| 1618–1623 | *Böhmisch-pfälzischer Krieg.* |
| 1618 | Ständischer **Aufstand in Prag** wegen Verletzung des Majestätsbriefes. „Prager Fenstersturz“: die kaiserlichen Statthalter Martinitz und Slavata werden aus einem Fenster des Hradschin gestürzt. |
| **1619–1637** | **Kaiser Ferdinand II.** In Böhmen wird der Führer der Union, Kurfürst Friedrich V. von der Pfalz, zum König gewählt. Ferdinand verbindet sich gegen ihn mit Herzog Maximilian von Bayern, dem Haupt der Liga. |
| **1620** 8. Nov. | **Schlacht am Weißen Berge** bei Prag: Friedrich („*Winterkönig*“) geschlagen und geächtet, |
| 1621 | flieht nach Holland. *Strafgericht, katholische Restauration,* Verwirklichung des Absolutismus in Böhmen: Hinrichtungen, Enteignung adligen Grundbesitzes (rund 150 000 Protestanten wandern aus). Die Union löst sich auf. |
| 1623 | Maximilian von Bayern erhält die pfälzische Kurwürde. Tilly dringt mit Truppen der Liga in die Pfalz und nach Westfalen vor. |
| 1625–1629 | *Dänisch-niedersächsischer Krieg.* **Christian IV.,** König von Dänemark und Herzog von Holstein, tritt als Oberster des Niedersächsischen Kreises an die Spitze der Protestanten. |

Seit 1625 tritt die „außerordentlichste Gestalt“ des 30jährigen Krieges hervor: Albrecht von **Wallenstein,** *1583, aus protestantischer tschechischer Adelsfamilie, seit 1606 katholisch, stellt dem Kaiser aus eigenen Mitteln ein Söldnerheer zur Verfügung (neues Kontributionssystem), erhält den Oberbefehl über alle kaiserlichen Truppen im Reich und wird vom Kaiser zum Herzog von Friedland erhoben.

1626 *Tilly* siegt bei Lutter am Barenberge (bei Salzgitter) über Christian IV. von Dänemark.

1627 Tilly, Wallenstein und das Heer der Liga unterwerfen Norddeutschland; Wallenstein dringt bis Jütland vor.

1628 Wallenstein vom Kaiser zum „General des Baltischen und Ozeanischen Meeres“ ernannt,

1629 belagert vergeblich Stralsund und bewirkt den **Frieden zu Lübeck:** Christian IV. erhält seine besetzten Gebiete zurück, entsagt aber weiterer Teilnahme am Krieg.
Ferdinand II. erläßt das **Restitutionsedikt,** in dem die Rückgabe aller seit dem Passauer Vertrag (1552) von den Protestanten eingezogenen geistlichen Güter verfügt und die Declaratio Ferdinandea für ungültig erklärt wird. Entscheidende Gewichtsverschiebung zugunsten des Katholizismus in Deutschland eingeleitet. Der Kaiser auf dem Höhepunkt seiner Macht.

1630 **Kurfürstentag zu Regensburg:** Maximilian von Bayern, der im Machtanstieg des Kaisers eine Bedrohung des Reichsfürstenstandes sieht, erzwingt die Entlassung Wallensteins.

1630–1635 Schwedischer Krieg:

1630 König Gustav II. Adolf von Schweden landet in Pommern, um der Ausbreitung der kaiserlichen Macht an der Ostsee entgegenzutreten und den Protestanten zu helfen.

1631 **Tilly erobert Magdeburg,** wird von Gustav Adolf bei Breitenfeld (unweit Leipzigs) besiegt. Gustav Adolf zieht durch Thüringen und Franken bis nach Mainz, besiegt Tilly, der tödlich

| | |
|---|---|
| 1632 | verwundet wird, bei Rain am Lech. Wallenstein wird wieder kaiserlicher Oberfeldherr mit weitgehenden Vollmachten, zwingt Gustav Adolf zum Abzug aus Süddeutschland. |
| **1632** <br> 6. Nov. | **Schlacht bei Lützen.** Gustav Adolf fällt. Die Schweden siegen. Die politische Leitung des Krieges auf protestantischer Seite übernimmt der schwedische Reichskanzler *Axel Oxenstierna* (1633 Heilbronner Bund). |
| 1634 | *Wallenstein,* der Verbindungen mit den Gegnern anknüpft und sich mit hochfliegenden Macht- und Friedensplänen trägt, wird vom Kaiser abgesetzt und geächtet und in Ausführung kaiserlicher Befehle in Eger *ermordet.* Die Niederlage der Schweden bei Nördlingen führt zum Zerfall der protestantischen Front. |
| 1635 | **Friede zu Prag** zwischen dem Kaiser und Sachsen: Der Kaiser verzichtet auf die Durchführung des Restitutionsedikts. Gemeinsamer Kampf gegen die Schweden. Brandenburg und die meisten protestantischen Stände treten dem Frieden bei. |
| 1635–1648 | *Schwedisch-französischer Krieg:* Frankreich greift an der Seite des schwedischen Bundesgenossen in den Krieg ein. |
| **1637–1657** | **Kaiser Ferdinand III.** <br> Da ein Sieg einer der beiden Parteien unmöglich erscheint, sind sie friedensgeneigt und nehmen Verhandlungen auf. |
| **1648** | **Westfälischer Friede** (Kaiser und Reich mit Frankreich in Münster, mit Schweden in Osnabrück): I. Der Ausgsburger Religionsfriede wird wiederhergestellt und auf die Reformierten ausgedehnt. Als Norm soll der kirchliche Besitz- und Bekenntnisstand von 1624 („Normaljahr") gelten. II. Schweden erhält Vorpommern mit Stettin und der Odermündung, Wismar, die Herzogtümer Bremen (ohne die Stadt) und Verden (Elbe- und Wesermündung); es erwirbt mit seinen deutschen Besitzungen die Reichsstandschaft. Frankreich erlangt die bisher österreichischen Hoheitsrechte im Elsaß (ohne Reichsstand zu werden), das Besatzungsrecht in |

Philippsburg, die Entmilitarisierung des Oberrheins und die Besitzbestätigung in Toul, Metz und Verdun. Brandenburg wird mit Hinterpommern nebst Kammin, Halberstadt, Minden und der Anwartschaft auf Magdeburg entschädigt. Bayern behält die Kurwürde und die Oberpfalz. Für die Rheinpfalz wird eine achte Kurwürde errichtet. III. Den Reichsständen wird die Mitbestimmung in allen Reichsangelegenheiten und die volle Landeshoheit in geistlichen und weltlichen Dingen sowie das Recht zu Bündnissen auch mit auswärtigen Partnern zuerkannt (unter dem Vorbehalt ihrer Verpflichtungen gegen Kaiser und Reich; Bündnisse dürfen sich nicht gegen Kaiser und Reich oder gegen dessen öffentlichen Frieden richten). Der Westfälische Friede ist fortan eine Hauptquelle des Reichsrechts.

(Aus: Der illustrierte Ploetz. Weltgeschichte in Daten und Bildern von den Anfängen bis zur Gegenwart. Würzburg: Ploetz 1973, S. 283–285)

## Schillers Würdigung des historischen Wallenstein

Schillers Hervortreten als Historiker hängt zusammen mit seinen Bestrebungen, als Professor der Geschichte in Jena einen dauernden Broterwerb zu erlangen, nachdem sich in den Jahren seit dem gewaltigen Bühnenerfolg der „Räuber“ in Mannheim (1782) mancherlei hochfliegende Theaterpläne zerschlagen hatten. Die Schrift „Geschichte des Dreißigjährigen Kriegs“ entstand unter Zeitdruck, wobei nach dem farbig geschriebenen und sehr erfolgreichen I. Teil Fortsetzung und Ende eine zunehmend geraffte Darstellung aufweisen. Deutlich ist das große Interesse an der geheimnisvollen Gestalt Wallensteins, das Schiller dann doch wieder zur dramatischen Ausdrucksform gedrängt hat. Es dokumentiert sich in den folgenden Textauszügen. Dabei bleibt das Urteil beim Historiker wie beim Dramatiker Schiller in einer eigentümlichen Schwebe. Daß dennoch die düsteren Farben gegenüber dem Wallenstein der Trilogie stärker hervortreten, hat man mit der Eigengesetzlichkeit der historiographischen und der poetischen Intention erklärt – der Geschichtsschreiber sieht seine Figuren fest eingebunden in das politisch-geschichtliche Kräftespiel, während der Tragödienschreiber sie auf einen philosophischen Ideenkreis bezieht und sie in diesem Sinn ‚idealisiert'. Es wäre daher abwegig, etwa aus Geschichtsdarstellung *und* Trilogie ein gleichbleibendes ‚Urteil Schillers über Wallenstein' herauslesen zu wollen.

**Wallenstein als Figur der Geschichtsschreibung und der Tragödie**

## Schiller: Geschichte des Dreißigjährigen Kriegs (Auszüge)

**Wallenstein nach seiner Absetzung (aus dem II. Buch):**

„Sein Plan war nichts weniger als Ruhe, da er in die Stille des Privatstandes zurücktrat. Der Pomp eines Königs umgab ihn in dieser Einsamkeit und schien dem Urteilsspruch seiner Erniedrigung Hohn zu sprechen. [...] Sein immer arbeitender Kopf brauchte Stille; kein Gerassel der Wagen durfte seiner Wohnung nahe kommen, und die Straßen wurden nicht selten durch Ketten gesperrt. Stumm, wie die Zugänge zu ihm, war auch sein Umgang. Finster, verschlossen, unergründlich, sparte er seine Worte mehr als seine Geschenke, und das wenige, was er sprach, wurde mit einem widrigen Ton ausgestoßen. Er lachte niemals, und den Verführungen der Sinne widerstand die Kälte seines Bluts. Immer geschäftig und von großen Entwürfen bewegt, entsagte er allen leeren Zerstreuungen, wodurch andere das kostbare Leben vergeuden. Einen durch ganz Europa ausgebreiteten Briefwechsel besorgt er selbst, die meisten Aufsätze schrieb er mit eigener Hand nieder, um der Verschwiegenheit andrer so wenig als möglich anzuvertrauen. Er war von großer Statur und hager, gelblicher Gesichtsfarbe, rötlichen kurzen Haaren, kleinen, aber funkelnden Augen. Ein furchtbarer, zurückschreckender Ernst saß auf seiner Stirne, und nur das Übermaß seiner Belohnungen konnte die zitternde Schar seiner Diener festhalten."

**Wallenstein vor seiner erneuten Berufung (aus dem III. Buch):**

„Entfernt von der Kriegesbühne und zu einer folternden Untätigkeit verurteilt, während daß seine Nebenbuhler auf dem Felde des Ruhms sich Lorbeern sammelten, hatte der stolze Herzog dem Wechsel des Glücks mit verstellter Gelassenheit zugesehen und im schimmernden Gepränge eines Theaterhelden die düstern Entwürfe seines arbeitenden Geistes verborgen. Von einer glühenden Leidenschaft aufgerieben, während daß eine fröhliche Außenseite Ruhe und Müßiggang log, brütete er still die schreckliche Geburt der Rachbegierde und Ehrsucht zur Reife und näherte sich langsam, aber sicher dem Ziele. Erloschen war alles in seiner Erinnerung, was er durch den Kaiser geworden war; nur was *er* für den Kaiser getan hatte, stand mit glühenden Zügen in sein Gedächtnis geschrieben. Seinem unersättlichen Durst nach Größe und Macht war der Undank des Kaisers willkommen, der seinen Schuldbrief zu zerreißen und ihn jeder Pflicht gegen den Urheber seines Glücks zu entbinden schien. Entsündigt und gerechtfertigt erschienen ihm jetzt die Entwürfe seiner Ehrsucht im Gewand einer rechtmäßigen Wiedervergeltung. In eben dem Maß, als sein *äußrer* Wirkungskreis sich verengte, erweiterte sich die Welt seiner Hoffnungen, und seine schwärmende Einbildungskraft verlor sich in unbegrenzten Entwürfen, die in jedem andern Kopf als dem seinigen nur der Wahnsinn erzeugen kann. So hoch, als der Mensch nur immer durch eigene Kraft sich zu erheben vermag, hatte sein Verdienst ihn emporgetragen; nichts von allem dem, was dem Privatmann und Bürger innerhalb seiner Pflichten erreichbar bleibt, hatte das Glück ihm verweigert. Bis auf den Augenblick seiner Entlassung hatten seine Ansprüche keinen Widerstand, sein Ehrgeiz keine Grenzen erfahren; der Schlag, der ihn auf dem Regensburger Reichstage zu Boden streckte, zeigte ihm den Unterschied zwischen *ursprünglicher* und *übertragener* Gewalt und den Abstand des Untertans von dem Gebieter. Aus dem bisherigen Taumel seiner Herrschergröße durch diesen überraschenden Glückswechsel aufgeschreckt, verglich er die Macht, die er besessen, mit derjenigen, durch welche sie ihm entrissen wurde, und sein Ehrgeiz bemerkte die Stufe, die auf der Leiter des Glücks noch für ihn zu ersteigen war. Erst nachdem er das Gewicht der höchsten Gewalt mit schmerzhafter Wahrheit erfahren, streckte er lüstern die Hände danach aus; der Raub, der an ihm selbst verübt wurde, machte ihn zum Räuber. Durch keine Beleidigung gereizt, hätte er folgsam seine Bahn um die Majestät des Thrones beschrieben, zufrieden mit dem Ruhme, der glänzendste seiner Trabanten zu sein; erst nachdem man ihn gewaltsam aus seinem Kreise stieß, verwirrte er das System, dem er angehörte, und stürzte sich zermalmend auf seine Sonne.".

**Wallensteins Abfall vom Kaiser (aus dem IV. Buch):**

„Es war nichts Geringes, was er jetzt auf dem Wege war zu unternehmen. Einen stolzen, tapfern, auf seine Ehre wachsam haltenden Adel der schändlichsten Untreue fähig zu erklären und in den Augen derjenigen, die bis jetzt nur gewohnt waren, in ihm den Abglanz der Majestät, den Richter ihrer Handlungen, den Bewahrer der Gesetze zu verehren, auf einmal als ein Niederträchtiger, als Verführer, als Rebell zu erscheinen. Nichts Geringes war es, eine rechtmäßige, durch lange Verjährung befestigte, durch Religion und Gesetze geheiligte Gewalt in ihren Wurzeln zu erschüttern; alle jene Bezauberungen der Einbildungskraft und der Sinne, die furchtbaren Wachen eines rechtmäßigen Throns, zu zerstören; alle jene unvertilgbaren Gefühle der Pflicht, die in der Brust des Untertans für den geborenen Beherrscher so laut und so mächtig sprechen, mit gewaltsamer Hand zu vertilgen. Aber geblendet von dem Glanz einer Krone, bemerkte Wallenstein den Abgrund nicht, der zu seinen Füßen sich öffnete, und im vollen lebendigen Gefühl seiner Kraft versäumte er – das gewöhnliche Los starker und kühner Seelen – die Hindernisse gehörig zu würdigen und in Berechnung zu bringen. Wallenstein sah nichts als eine gegen den Hof teils gleichgültige, teils erbitterte Armee – eine Armee, die gewohnt war, seinem Ansehen mit blinder Unterwerfung zu huldigen, vor ihm als ihrem Gesetzgeber und Richter zu beben, seine Befehle, gleich den Aussprüchen des Schicksals, mit zitternder Ehrfurcht zu befolgen. In den übertriebnen Schmeicheleien, womit man seiner Allgewalt huldigte, in den frechen Schmähungen gegen Hof und Regierung, die eine zügellose Soldateska sich erlaubte, und die wilde Lizenz des Lagers entschuldigte, glaubte er die wahren Gesinnungen der Armee zu vernehmen, und die Kühnheit, mit der man selbst die Handlungen des Monarchen zu tadeln wagte, bürgte ihm für die Bereitwilligkeit der Truppen, einem so sehr verachteten Oberherrn die Pflicht aufzukündigen. Aber, was er sich als etwas so Leichtes gedacht hatte, stand als der furchtbarste Gegner wider ihn auf: an dem Pflichtgefühl seiner Truppen scheiterten alle seine Berechnungen. Berauscht von dem Ansehen, das er über so meisterlose Scharen behauptete, schrieb er alles auf Rechnungen seiner persönlichen Größe, ohne zu unterscheiden, wieviel er sich selbst, und wieviel er der *Würde* dankte, die er bekleidete."

**Wallensteins Rätselhaftigkeit (aus dem IV. Buch):**

„So endigte Wallenstein in einem Alter von funfzig Jahren sein tatenreiches und außerordentliches Leben; durch Ehrgeiz emporgehoben, durch Ehrsucht gestürzt, bei allen seinen Mängeln noch groß und bewundernswert, unübertrefflich, wenn er Maß gehalten hätte. Die Tugenden des *Herrschers* und *Helden,* Klugheit, Gerechtigkeit, Festigkeit und Mut, ragen in seinem Charakter kolossalisch hervor; aber ihm fehlten die sanften Tugenden des *Menschen,* die den Helden zieren und dem Herrscher Liebe erwerben. [...]
Denn endlich muß man zur Steuer der Gerechtigkeit gestehen, daß es nicht ganz treue Federn sind, die uns die Geschichte dieses außerordentlichen Mannes überliefert haben; daß die Verräterei des Herzogs und sein Entwurf auf die böhmische Krone sich auf keine streng bewiesene Tatsache, bloß auf wahrscheinliche Vermutungen gründen. Noch hat sich das Dokument nicht gefunden, das uns die geheimen Triebfedern seines Handelns mit historischer Zuverlässigkeit aufdeckte, und unter seinen öffentlichen, allgemein beglaubigten Taten ist keine, die nicht endlich aus einer unschuldigen Quelle könnte geflossen sein. Viele seiner getadeltsten Schritte beweisen bloß seine ernstliche Neigung zum Frieden; die meisten andern erklärt und entschuldigt das gerechte Mißtrauen gegen den Kaiser und das verzeihliche Bestreben, seine Wichtigkeit zu behaupten. Zwar zeugt sein Betragen gegen den Kurfürsten von Bayern von einer unedlen Rachsucht und einem unversöhnlichen Geiste; aber keine seiner Taten *berechtigt* uns, ihn der Verräterei für überwiesen zu halten. Wenn endlich Not und Verzweiflung ihn antreiben, das Urteil wirklich zu verdienen, das gegen den Unschuldigen gefällt war, so kann dieses dem Urteil selbst nicht zur Rechtfertigung gereichen; so fiel Wallenstein, nicht weil er Rebell war, sondern er rebellierte, weil er fiel."

# Zur Wirkungsgeschichte

## Urteile der Zeitgenossen

Die „Wallenstein"-Trilogie war von den Uraufführungen der einzelnen Teile (vgl. Zeittafel zum Entstehungsprozeß) an ein großer Bühnenerfolg, nicht nur in Weimar, sondern auch in Berlin. Gekrönte Häupter haben die Weimarer Aufführung gesehen und dem Autor ihren Beifall bezeigt. An das Erscheinen der Druckfassung 1800 bei Cotta schließen sich umgehend die ersten Raubdrucke an. Die Kritik hebt das Einzigartige des Werks fast geschlossen hervor, auch wenn – kein Wunder bei einer Produktion, die so viele Handlungslinien zusammenzwingt – einzelne Wendungen angezweifelt werden.
Eindrucksvoll ist, wie von Anfang an die größten Geister der Zeit den Rang des „Wallenstein" als umfassende Darstellung menschlicher Existenz erkennen, so wie es aus den summarischen Urteilen Goethes und Humboldts ablesbar ist:

**J. W. von Goethe: Die Piccolomini. Wallensteins erster Teil (1799) – Schluß:**

„Wollte man das Objekt des ganzen Gedichts mit wenig Worten aussprechen, so würde es sein: die Darstellung einer phantastischen Existenz, welche, durch ein außerordentliches Individuum und unter Vergünstigung eines außerordentlichen Zeitmoments, unnatürlich und augenblicklich gegründet wird, aber, durch ihren notwendigen Widerspruch mit der gemeinen Wirklichkeit des Lebens und mit der Rechtlichkeit der menschlichen Natur, scheitert und samt allem, was an ihr befestigt ist, zu Grunde geht. Der Dichter hatte also zwei Gegenstände darzustellen, die miteinander im Streit erscheinen: den *phantastischen Geist,* der von der einen Seite an das Große und Idealische, von der andern an den Wahnsinn und das Verbrechen grenzt, und das *gemeine wirkliche Leben,* welches von der einen Seite sich an das Sittliche und Verständige anschließt, von der andern dem Kleinen, dem Niedrigen und Verächtlichen sich nähert. In die

Mitte zwischen beiden, als eine ideale, phantastische und zugleich sittliche Erscheinung, stellt er uns die Liebe, und so hat er in seinem Gemälde einen gewissen Kreis der Menschheit vollendet."

**W. v. Humboldt: Brief an Schiller (1800) – Auszug:**

„Bei der Katastrophe des Wallenstein habe ich deutlich empfunden, daß die Ruhe, die man mit Recht bei keiner poetischen Wirkung vermissen will, nur darauf beruht, daß man jede angeregte Stimmung nur mit voller Kraft bis an ihr Ende durchführe. Nichts kann eigentlich so zerreißend sein, als der Ausgang Ihres Stücks. Dennoch fühlt sich das Gemüt zuletzt in völliger Harmonie und ausgesöhnt mit dem Schicksal und der Menschheit. Max und Thekla sind der Empfindung gefolgt, der sie ihr Leben anvertraut hatten; das Einzige, was ihnen, und an ihnen uns wert war, ist auf ewig durch ihren Tod gesichert und geborgen. Wallenstein konnte nicht still stehn und nicht zurückgehn. Ein so gewaltiges Fortstreben der Kräfte mußte fortrollen, bis es zerschellte. Das, was siegend hinter ihm zurückbleibt, kann freilich nur Mißbilligung, sogar Verachtung bis uns finden, aber es verbinden sich auch schöne und wohltätige Ideen damit. Wallenstein war eine so fürchterliche, so gewaltsame Erscheinung, daß die Hoffnung friedlicher Ruhe unmittelbar mit seinem Fall eintritt. Die furchtbarste Idee Ihrer ganzen Dichtung, und die ihr zu einem Schauder erregenden Hintergrunde dient, die Übermacht der Heere, die nicht bloß dieser oder jene Provinz, sondern allem ruhigen Bürger-Dasein einen endelosen Krieg ankündigt, sinkt mit ihrem Schöpfer dahin. Ein gewaltig übergetretener Strom kehrt in sein Bett zurück, Saaten können wieder grünen, Völker wieder glücklich sein. Das ist gerade so groß, daß die Summe alles Menschendaseins sich in Ihren Stücken so klar und kurz zusammenzieht. Die innere und reine Menschengröße, die sich einer Idee hingibt, und lieber untergeht, als sie verläßt auf der einen Seite; auf der andern die näher dem Boden verwandte, beschränktere Gemütsstimmung, die, leichter befriedigte Wünsche nährend, Ruhe, Zufriedenheit und äußeres Glück sucht, und die Sie sehr zweckmäßig nur in Massen, und nicht unmittelbar, sondern nur in dem Kontrast der ihr Zerstörung drohenden Kriegsmacht, und in den weisen Reden Octavios und den begeisterten Schilderungen seines Sohnes dargestellt haben."

Auch der tiefsinnige Zug, daß Wallensteins mächtige Persönlichkeit im Grund alle Regungen der übrigen Figuren in sich vereinbart und in diesem Sinn etwas ‚Charakter-loses' enthält, wird schon sehr früh von dem Philosophen Hegel (Wallenstein [um 1800]) ausgesprochen.
Schillers „Wallenstein" ist also – anders als viele der großen Werke der Weltliteratur – von Anfang an in seiner Bedeutung erkannt und mit Verständnis aufgenommen worden. Trotzdem schlägt das deutsche Geschichtsdrama schon bald nach dem Erscheinen seines größten Einzelwerks andere Wege ein.

## Der Fortgang des Geschichtsdramas im 19. Jahrhundert

**Trauerspiel des Barock**

Die erste bedeutende Ausprägung des Geschichtsdramas in der deutschen Literatur war das Trauerspiel des Barock, in dem von den großen Autoren des 17. Jahrhunderts – am bedeutendsten durch Andreas Gryphius (1616–1664), am extremsten durch Daniel Casper von Lohenstein (1635–1683) – Geschichte als Anfechtung, der Tragödienheld als Märtyrer konzipiert war.

**Geschichtsdrama der Klassik**

Gegenüber diesem historischen Vorbild weist das Geschichtsdrama der Klassik, dessen Gipfelwerk „Wallenstein" ist, einen anderen Ansatz auf. Der Mensch als geschichtlicher Handlungsträger wird hier im Spannungsfeld zwischen individuellen Triebkräften und verpflichtenden sittlichen Ideen gezeigt. Im „Wallenstein" wie im vorangehenden „Don Carlos" und in der darauffolgenden „Maria Stuart" stellt Schiller den mächtigen Zwängen der geschichtlichen Konstellationen, den Mächten und „Zwecken", die das Handeln der dramatischen Figuren zu bestimmen scheinen, als entscheidende Gegeninstanz die prinzipielle Freiheit der großen Heldengestalten gegenüber, die auf diese Zwänge antwortet und sie in der tragischen Krise und um

**Menschenbild des klassischen Geschichtsdramas**

den Preis des eigenen Untergangs zu überwinden vermag. Dieses Zutrauen zum Menschen, daß er gegen alle sich auftürmenden Zwänge zu verantwortlicher sittlicher Entscheidung fähig und in diesem Sinn *frei* ist, bildet geradezu den innersten Kern des klassischen (philosophisch gesprochen: des idealistischen) Menschenbilds.

Schon bald nach Schillers Tod schuf die Restaurationszeit mit ihrer politischen Repression, ihrer kleinbürgerlichen Enge und Provinzialität ein geistiges Klima, in dem der Gedanke aufkommen mußte, der Spielraum geistiger Freiheit sei nun so eingeengt, daß solche Freiheit nur mehr Illusion sei. So entstehen in der ersten Hälfte des 19. Jahrhunderts zwar weiterhin bedeutende geschichtliche Dramen, aber sie lesen sich als resignative Zurücknahme der klassischen Vision von freien Menschen.

**Franz Grillparzer: „Ein Bruderzwist in Habsburg" (entstanden 1827–1848)**

Grillparzers Trauerspiel „Ein Bruderzwist in Habsburg" weist so viele Parallelen zu Schillers „Wallenstein" auf, daß man geradezu von einem gewollten Pendant zu Schillers Trilogie sprechen muß. Nicht nur, daß Grillparzer einen geschichtlichen Augenblick – kurz vor dem Dreißigjährigen Krieg – wählt, der sich mit dem Schillers unmittelbar berührt; Grillparzer benutzt auch nachweislich dieselben Quellen und läßt Wallenstein am Ende auch als Figur auftreten. Weiter führen innere Analogien: Grillparzers Rudolf II. ragt wie Wallenstein aus der Sphäre geschichtlichen Handelns heraus in die der Reflexion und Kontemplation, was zudem wie bei Schiller in das Motiv der Astrologie eingekleidet wird. Doch ist Rudolfs II. Passivität anderer Art als die Wallensteins. Während Wallenstein auch bei seinem Verharren im Lager als gewaltiges Kraftzentrum gegenwärtig ist und sein Nichthandeln gerade der Utopie einer allseitigen Wirksamkeit entspringt, ist Rudolf II. nur noch der müde Erbe verbrauchter Traditionen und verfällt einer grundsätzlichen, resignativ gefärbten Passivität. Als „schwacher, unbegabter Mann" erscheint er in seinen eigenen Worten. Wie sehr das ganze Trauerspiel aus tiefer Skepsis über eine Zeit gesellschaftli-

**Verändertes Menschenbild**

cher Stagnation, aber auch bedrohlicher Zukunftsahnungen geschrieben ist, geht aus vielen Stellen hervor, an denen der Kaiser die Klage über seine Epoche anstimmt; eine Klage, die deutlich aus dem historischen Handlungsraum herausspringt und die moderne Tendenzen von Gleichheitsgedanken und Materialismus angreift. Für die Figur des geschichtlich handelnden Helden bestätigt Rudolf II. wie das gesamte Trauerspiel, daß der Glaube an Freiheit und Wirkung der großen Persönlichkeit mit dem Verfall klassisch-idealistischer Positionen ins Sinken gerät.

**Christian Dietrich Grabbe (1801–1836): Napoleon oder die hundert Tage (1831)**

Einen Schritt weiter geht Grabbe in seinem genial-chaotischen Drama „Napoleon oder die hundert Tage". Er greift nach *der* historischen Figur, die die ganze Epoche bewegt hat (und, nebenbei bemerkt, auch oft als Modell von Schillers Wallenstein vermutet worden ist) – aber gezeigt wird gar nicht die eigentliche Glanzzeit Napoleons, sondern nur noch das letzte Aufflammen, der glücklose Abgesang der hundert Tage zwischen dem Ausbruch aus dem Gefängnis Elba und der endgültigen Niederlage bei Waterloo. Dieser späte Napoleon zehrt auch vor allem vom Mythos seiner frühen Taten, begünstigt durch die Erbärmlichkeit der Bourbonenherrschaft in Frankreich. Er selbst sagt an einer Stelle: „Weil sie so niedrig war, ward ich so riesenhaft." Wobei mit ‚sie' die „Canaille", die Volksmenge gemeint ist. Gerade diese bunt durcheinanderdrängende Volksmenge tritt nun aber auch formal in den Vordergrund – Grabbe gestaltet im „Napoleon" nicht mehr wie beim klassischen Geschichtsdrama Konflikte weniger, individuell bedeutsamer Personen, sondern er läßt Massenauflauf und bilderbogenhaften Volkstrubel das Bühnengeschehen weithin bestimmen. So wird der nominelle Titelheld fühlbar abgedrängt, erscheint nicht mehr als der Motor des Geschehens, sondern als ein von unkontrollierbaren Strömungen Getragener und Verschlungener. Geschichte erscheint damit als Mahlstrom und als Kaleidoskop. Der Zyniker Jouve, die eigentlich interessante Figur des Dramas, stellt lapidar fest: „Den einen trägt, den andren ersäuft die Woge des

**Bedeutungsverlust des Individuums**

Geschicks." Geschichte ist für Jouve nichts anderes als „der alte Brei in neuen Schüsseln".

**Georg Büchner (1813–1837): Dantons Tod (1835)**

Nun bleibt Jouve bloße Nebenfigur bei Grabbe. Zentral jedoch wird der von ihm vertretene radikale Geschichtsnihilismus in einem Werk, das fünf Jahre später entstand: Büchners „Dantons Tod". Hier ist diese Desillusionierung über die Hauptfigur selbst gekommen. Danton setzt nicht wie Napoleon noch ganze Welten gegen seinen Sturz in Bewegung, sondern er läßt die Dinge lethargisch treiben. Dem „Wir müssen handeln" seiner Anhänger setzt er immer wieder ein angeekeltes „Das wird sich finden" gegenüber, bis er selbst und die gemäßigten Revolutionäre um ihn von den Vertretern einer unnachsichtigen Terrorherrschaft um Robespierre verhaftet und aufs Schafott geschickt werden. Schillers Glaube an regulative Ideen über dem Treiben der Geschichte ist nun endgültig der Annahme einer Verdorbenheit der Welt von Anfang an gewichen. Es ist ein höhnischer Reflex des idealistischen Weltentwurfs, wenn – unmittelbar vor dem Erscheinen des Karrens zur Guillotine! – einer der Verurteilten deklamiert: „Meine Freunde man braucht gerade nicht hoch über der Erde stehen um von all dem wirren Schwanken und Flimmern nichts mehr zu sehen und die Augen von einigen großen göttlichen Linien erfüllt zu haben. Es giebt ein Ohr für welches das Ineinanderschreien und der Zeter, die uns betäuben, ein Strom von Harmonien sind."

**Vom geschichtlichen zum sozialen Drama**

Mit solchen Tönen des bitteren Spotts endet in einem desillusionierten Zeitalter der Geltungsanspruch des klassischen Entwurfs von menschlicher Größe, Freiheit und Würde. In der Konsequenz einer derartigen Entwicklung liegt der völlige Verzicht auf die Darstellung großer historischer Figuren, die Ablösung des *geschichtlichen* durch das *soziale Drama*. Auch diesen Weg ist Büchner mit seinem „Woyzeck"-Fragment vorangegangen. Wenn das moderne Theater historische Persönlichkeiten gelegentlich wieder auf die Bühne bringt, so geschieht das in anderer (häufig parodistischer) Absicht.

## Kontroverse Sehweisen der Literaturwissenschaft

Es wäre unmöglich, im Rahmen dieser Darstellung die vielfältigen Ansätze und Auseinandersetzungen der Literaturwissenschaft um Schillers rätselhafte „Wallenstein"-Trilogie nachzuverfolgen. Die Feststellung muß genügen, daß immer wieder neue, oftmals verblüffende Zusammenhänge aufgedeckt worden sind und daß trotz fast zwei Jahrhunderten intensiver Diskussion von einem halbwegs einheitlichen Resultat nicht die Rede sein kann. Schillers dramatisches Hauptwerk hat seine Rätselhaftigkeit bis heute bewahrt.

**Wallenstein als Realist und als Idealist**

Immerhin lassen sich in der Auffassung der Hauptfigur zwei gegenläufige Richtungen unterscheiden: Wallenstein ist ebensooft als Realist wie als Idealist gesehen worden, und für beide Interpretationen sprechen gute Gründe. Eine vertiefende Schlußbetrachtung von Schillers unauslotbarster Bühnenfigur könnte von zwei exemplarischen Stellungnahmen ausgehen:

**Hermann August Korff: Geist der Goethezeit, II. Teil (1927):**

> „(...) Schillers Tragödie zeigt nicht nur dies, daß letzten Grundes der Held selbst die Ursache seines Schicksals ist – denn ohne Wallensteins gewissenlosen Ehrgeiz kein Mißtrauen des Kaisers in seine Macht und seine Pläne, sondern auch das Wichtigere, daß von einem *absoluten* Zwange zur Vollendung des Verrats auch bei Wallenstein nicht die Rede sein kann. Dieser Zwang ist gleichfalls nur ein Zwang von Wallensteins Charakter, aus dem es freilich kein Entrinnen gibt. Und nicht einmal Wallenstein selbst gibt sich darüber einer Täuschung hin. Max sowohl wie die Gräfin zeigen dem Schwankenden klar den Weg, auf dem er sich auch nach dem Verluste des kaiserlichen Vertrauens davor bewahren kann, zum Verräter zu werden. Aber dieser Weg ist der Weg eines ehrenvollen Verzichts auf weitere politische und militärische Tätigkeit. (...)
>
> Warum aber vermag Wallenstein diesen Weg nicht zu gehen? Warum ist das, was theoretisch möglich wäre, praktisch so völlig ausgeschlossen, daß selbst wir dazu verführt werden könnten, hier von einer

absoluten Unmöglichkeit zu sprechen? Darauf lautet die entscheidende Antwort: *weil es Wallenstein an wahrer sittlicher Freiheit gebricht* und weil er nicht zu jenen wahrhaft großen Menschen gehört, deren Pflichtgefühl die natürliche Neigung zu besiegen vermag. Das aber ist seine Schuld! Die Schiller ja schon dadurch anerkennt, daß er nur die größere Hälfte seiner Schuld ‚den unglückseligen Gestirnen', dem tragischen Verhängnisse zugewälzt sehen will. *Wallensteins tiefste Schuld ist nicht seine Tat, sondern seine Gesinnung.* Und diese Gesinnung ist auch in dem realistischen Sinne des Worts ‚schuld' an seinem Untergange. Denn nur deshalb kommt es doch zu den Gegenmaßnahmen des Kaisers, weil der Kaiser seinem Generalissimus nicht traut und wegen seiner gewissenlosen Gesinnung schlechterdings nicht trauen kann. Das ihn verderbende Mißtrauen seiner Feinde ist also nur der notwendige Reflex jenes Mangels an Gewissen, der Wallenstein so gefährlich macht. Unter diesem Gesichtspunkte ist Schillers Dichtung also *die Tragödie des Realisten ohne Gewissen, dem seine Gewissenlosigkeit zum Verhängnis wird.*

**Wallenstein als gewissenloser Realist**

Allein die Tragödie Schillers ist weit mehr. Sie ist nicht nur die Tragödie eines Realisten, sondern die Tragödie des *Realismus überhaupt.* Denn die Gesinnungsschuld, mit der Wallenstein beladen erscheint, ist seine Schuld durchaus nicht etwa allein. Er teilt sie vielmehr im vollen Umfange mit seinen Gegnern, die geradesowenig wie er Idealisten sind und keinen größeren Anspruch auf Vertrauen haben als er selbst. (...)

Diese realistische Welt der Politik ist unsittlich durch und durch. Sie kennt keinen kategorischen, sondern nur einen hypothetischen Imperativ. Sie verfährt nach dem Grundsatze: Handelt der andere anständig, handle ich vielleicht auch anständig. Aber ihr gilt keine absolute Pflicht, die von dem Verhalten des anderen unabhängig ist. Nirgendwo gibt es deshalb einen festen Punkt, keiner vermag dem andern völlig zu trauen; denn jeder Vertrag hat lediglich relative und bedingungsweise Gültigkeit. Das ist der Fluch des politischen Macchiavellismus, jener reinen Machtpolitik, die die Verbindlichkeit der Moralität für das Völkerleben leugnet und für die die Treue im politischen Leben ein leerer Wahn sein muß. Diesen Fluch offenbart Schillers große Tragödie in dem tragischen Geschicke eines Mannes, der daran zugrunde geht, aber mit dessen Untergang keineswegs nur der Mann, sondern das ganze System gerichtet wird. *Wallenstein: das ist die Tragödie der unsittlichen Welt des politischen Realismus,* die mangels jeglicher Treue und zufolge des daraus entspringenden ewigen Mißtrauens keinen wahren Bestand besitzt.“

**Oskar Seidlin: Wallenstein: Sein und Zeit (1963):**

„Wallensteins Zögern ist nicht zu fassen als Charakterzug – als solcher wäre er bei dem großen Schlachtenlenker recht unüberzeugend –, und nicht abzuleiten aus dem Gegeneinanderspiel von Machttrieb und Gewissen. Sein Zögern entspringt nicht einem inneren Konflikt, noch weniger einer charakterologisch bedingten Hemmung, sondern es ist die magistrale Geste eines Menschen, der sich stemmt gegen das unerbittliche und unaufhaltsame Abrollen der Zeit, der einen Schwebezustand schaffen möchte, in dem er ganz frei verfügen kann, weil er der Zeit, dem Medium alles Geschehens, nicht untertan ist, sondern sie setzt und sich verfügbar macht. Wenn Terzky, verzweifelt über Wallensteins Unschlüssigkeit, den Feldherrn fragt: ‚Wann aber wird es Zeit sein?‘, bekommt er zur Antwort das Peremptorische: ‚Wenn ich's sage.‘ Von hier aus versteht sich Wallensteins Ausbruch und Anklage gegen Tradition und Gewöhnung im großen Monolog, gegen Zustände geheiligt und von Gewicht durch bloße zeitliche Schwere und Dauer; von hier aus auch sein Selbstgefühl als Friedensfürst, als eines, der die alte Zeit aufhebt und eine neue setzt. Ja, wenn wir hellhörig genug sind, dann wird uns nicht entgehen, daß hinter jener neuen Zeit wirklich die eschatologische Vision des Endes und der Aufhebung alles Zeitlichen steht; denn solches hören wir aus Wallensteins Mund: ‚Die Erfüllung der Zeiten ist gekommen‘, und zwei Zeilen später: ‚eine neue Ordnung der Dinge führt sich ein‘: novarum rerum ordo, Echo chiliastischer Prophezeiung aus Vergils Viertem Hirtengedicht.

**Wallenstein als idealistischer Visionär**

So nun auch könnte sich uns der Symbolwert der Astrologie erschließen, auf den Schiller und Goethe so große Stücke setzten. Denn Astrologie ist der Versuch, die Zeit und das in ihr Verhängte, das Verhängnis, zu entmachten, und dies auf doppelte Weise: einmal dadurch, daß Zeit übersetzt wird in Raum, in Kon-Stellation, und ihr damit ihr Konsti-

tutivum, ihr ungreifbar Fließendes geraubt wird, und zum zweiten dadurch, daß sie damit kalkulabel und verfügbar wird, das in und von ihr Verhangene durchschaubar und so seiner Mächtigkeit beraubt.
Entmächtigung der Zeit, Entschleierung des Verhangenen – wird es nicht auch dadurch bestätigt, daß Wallensteins Gestirn der Jupiter ist, nicht nur Symbol erhabenster Macht, sondern der Gott, der Chronos, den Zeitengott, überwältigt? Und Chronos, oder sein lateinischer Widerpart Saturn, erscheint im ‚Wallenstein' prominent als das feindliche Prinzip, der Maleficus in seiner bleiernen Schwere und verhangenen Undurchschaubarkeit, der Gott des ausgeworfenen Saatkorns, über das physis, die Erde, und chronos, die Zeit, blind verfügen. Dieser Gebundenheit unter dem Zeichen des Saturns, des Erd- und Zeitengottes, setzt Wallenstein in seinem hymnischen Bekenntnis zur Astrologie seine Vision entgegen, das freie Schweben:

Die Geisterleiter, die aus dieser Welt des Staubes
Bis in die Sternenwelt mit tausend Sprossen
Hinauf sich baut, an der die himmlischen
Gestalten wirkend auf und nieder wandeln …
[Picc. 978–81]

Wie, wenn das parenthetisch bemerkt werden darf, ein Visionär mit solchen Gesichten mehr als ein Jahrhundert lang und bis hin zu Hermann Korff mit dem Etikett: der Realist versehen werden konnte, entzieht sich meinem Verständnis."

# Literatur

Das folgende Literaturverzeichnis nennt die wichtigsten greifbaren Ausgaben, die für die Unterrichtsarbeit in Frage kommen; es orientiert ferner über wesentliche literarische Gestaltungen des Stoffs vor und nach Schiller und nennt – in knapper Auswahl – einige grundlegende Forschungsarbeiten. Die bibliographischen Angaben sind, wo dies geboten ist, durch kommentierende Hinweise ergänzt. Da etliche der im Literaturverzeichnis genannten Wallenstein-Textausgaben sehr gute Kommentare und Anmerkungen enthalten, wurde im Rahmen dieses Lektürehilfen-Heftes auf eigene Anmerkungen verzichtet. Besonders empfehlenswert ist der Kommentarteil der Goldmann-Taschenbuchausgabe.

## Ausgaben/Materialien:

### Taschenbuch-Ausgaben


Schiller, Friedrich: Wallenstein. Ein dramatisches Gedicht. I: Wallensteins Lager. Die Piccolomini. II: Wallensteins Tod. (= Universalbibliothek Nr. 41/42) Stuttgart: Reclam o. J. (I zuletzt 1985, II zuletzt 1984)

*Abdruck nach dem Text der Säkular-Ausgabe, Bd. 5, mit Verszählung am Rand und modernisierter Orthographie; ohne Kommentar und Worterklärungen.*

Schiller, Friedrich: Wallenstein. Ein dramatisches Gedicht. (= Goldmann Klassiker Nr. 7564) München: Goldmann 1983

*Abdruck nach dem Text der Ausgabe von Fricke/Göpfert/Stubenrauch, Bd. 2, mit Verszählung am Rand und modernisierter Orthographie; Nachwort, Zeittafel, Worterläuterungen und Literaturangaben von Hannelore Schlaffer.*

Schiller, Friedrich: Wallenstein. Ein dramatisches Gedicht. Wallensteins Lager · Die Piccolomini · Wallensteins Tod · (= Insel-Taschenbuch Nr. 752) Frankfurt/M.: Insel 1984

*Abdruck nach dem Text der textkritischen Ausgabe von H. Kraft, 1. Bd., mit dem Text des Aufsatzes von Oskar Seidlin (Wallenstein: Sein und Zeit, vgl. ‚Kontroverse Sehweisen...') als Nachwort, mit Worterläuterungen, jedoch ohne Literaturangaben.*

Schiller, Friedrich: Wallenstein. Text und Materialien. Materialien ausgewählt und eingeleitet von H.-U. Lindken (= Editionen für den Literaturunterricht) Stuttgart: Klett 1986

*Enthält Texte zu Wallenstein in der Sicht Schillers und der modernen Geschichtsforschung, zum Werkverständnis des Autors und zur Rezeptionsgeschichte.*

## Materialien

Erläuterungen und Dokumente / Friedrich Schiller / Wallenstein. Hg. von K. Rothmann. (= Universal-Bibliothek Nr. 8136) Stuttgart: Reclam 1977

*Gibt ausführliche Wort- und Sacherklärungen, Varianten, Dokumente zum Stoff, zur Entstehung und Wirkungsgeschichte sowie ausführliche Literaturhinweise.*

Schiller / Wallenstein (= Grundlagen und Gedanken zum Verständnis des Dramas). Von R. Ibel. Frankfurt/M.: Diesterweg o. J.

*Enthält Hinweise zur Stoffgeschichte, Wort- und Sachkommentare, Auszüge aus der Sekundärliteratur, Selbstzeugnisse.*

Der Dreißigjährige Krieg in Augenzeugenberichten. Hg. und eingeleitet von H. Jessen. München: dtv $^{1}$1979

*Umfassende Sammlung zeitgenössischer Dokumente, Briefe usw., aus denen ein lebendiger Überblick über die historischen Ereignisse gewonnen werden kann.*

## Gestaltungen des Stoffs vor und nach Schiller (Auswahl):

Der verrathene Verräther, oder der durch Hochmuth gestürzte Wallenstein, Herzog von Friedland, eine weltberufene, wahrhaftige und schauwürdige Materie.

*Anonymes Schauspiel einer Wanderbühne, um 1650 in Bremen aufgeführt; Text verschollen.*

Das seltsame Leben und gewaltsamer Todt Alberti von Wallenstein, Herzogs von Mecklenburg und Friedland, gewesenen kaiserlichen Generalissimum. So geschehen zu Eger in Böhmen anno 1634. Mit Arlequin, einem kurzweiligen Offizier.

*Anonymes Schauspiel, 1720 aufgeführt; Text verschollen.*

Alfred Döblin: Wallenstein. Roman. 2 Bde. Berlin: Fischer 1920

*Geschichte erscheint in diesem bedeutenden Werk als blutig-chaotischer Wirrwarr, Wallenstein selbst als „ganz und gar kein Schillerscher ‚Held', – ein moderner Industriekapitän, ein wüster Inflationsgewinnler, ein Wirtschafts- und, toller Weise auch, ein strategisches Genie" (Döblin: Briefe. 1970. S. 533).*

Golo Mann: Wallenstein. Sein Leben, erzählt von G. M. Frankfurt/M.: Fischer 1971

*Das umfangreiche Werk verwertet die Ergebnisse der neueren historischen Forschung, geht aber über historiographische Absicht insofern hinaus, als es in großer Differenziertheit die Mittel epischen Gestaltens (innerer Monolog usw.) einsetzt und sich dadurch dem Romanhaften annähert.*

## Sekundärliteratur:

Schillers Wallenstein. Hg. von F. Heuer und W. Keller (= Wege der Forschung, Bd. CCCCXX). Darmstadt: Wiss. Buchgesellschaft 1977

*Ein Sammelband, der neben den grundlegenden Texten zeitgenössischer und späterer Schriftsteller zahlreiche wichtige literaturwissenschaftliche Aufsätze der letzten Jahrzehnte enthält (die im folgenden nicht mehr eigens erwähnt werden); außerdem eine Auswahlbibliographie.*

Hinderer, Walter: Der Mensch in der Geschichte. Ein Versuch über Schillers Wallenstein. Königstein/Ts. 1980

Schulz, Gerhard: Schillers „Wallenstein“ zwischen den Zeiten (In: Geschichte als Schauspiel. Deutsche Geschichtsdramen. Hg. v. W. Hinck. Frankfurt/M. 1981 – S. 116ff.).

Utz, Peter: Auge, Ohr und Herz. Schillers Dramaturgie der Sinne (In: Jahrbuch der Deutschen Schillergesellschaft, 29. Jg., Stuttgart 1985 – S. 62ff.).

# Medien

## Fernsehproduktionen:

Vermerkt wird jeweils das Datum der Erstsendung; in der Regel wurden die Produktionen wiederholt gesendet oder auch von anderen (regionalen) Sendern übernommen.

| | | |
|---|---|---|
| 15. 1. 1962<br>24. 4. 1962 | ARD | Wallenstein I/II<br>Fernsehinszenierung. Bearbeitung: Oliver Storz. Regie: Franz Peter Wirth |
| 25. 12. 1972<br>26. 12. 1972 | WDR III | Wallenstein I/II<br>Übernahme der Inszenierung der Bühnen der Stadt Köln durch das III. Programm. Regie: Hansgünther Heyme |
| 5. 1. 1974<br>11. 1. 1974 | DDR II | Wallenstein I/II<br>Regie: Wolf-Dieter Panse, Peter Deutsch |

## Tonaufnahmen:

1955 Wallensteins Tod. Szenen aus dem I. Aufzug, 4. und 7. Auftritt. II. Aufzug, 3. Auftritt. V. Aufzug, 3. Auftritt
Darsteller: Hermine Körner – Werner Krauss (Deutsche Grammophon-Gesellschaft, 2 Langspielplatten DG 204/404)

1958 Wallensteins Tod. Gesamtaufnahme nach einer Inszenierung des Düsseldorfer Schauspielhauses. Regie: Karlheinz Stroux / Darsteller: O. E. Hasse – Waldemar Schütz – Wolfgang Arps – Rena Liebenow – Veronika Bayer u. a.
(Deutsche Grammophon-Gesellschaft, 2 Langspielplatten DG 2750002)

1959 Friedrich Schiller. Monologe aus ‚Wallenstein' und ‚Tell'. Aufnahme nach einer Inszenierung des Burgtheaters Wien.

Regie: Leopold Lindtberg / Darsteller: Ewald Balser (Amadeo, 1 Single-Schallplatte AVRS EP 14123)

1968 In Memoriam. Die Stimmen von Ernst Ginsberg, Gustaf Gründgens, Walter Franck... (darin: Wallensteins Tod II, 3 – V, 3)
Darsteller: Hermine Körner – Werner Krauss (Deutsche Grammophon-Gesellschaft, 1 Langspielplatte, DG 140 025)

1984 Deutsches Theater. Höhepunkte der Schauspielkunst (darin: Aus dem Prolog – Wallensteins Tod II, 3 – Die Piccolomini I, 4)
Darsteller: Wolfgang Langhoff – Werner Krauss – Horst Drinda
(Capriccio/Delta Music GmbH, 3 Langspielplatten C 50 075/1–3)